세계史일주

세계史 일주

© 강응천 2008

1쇄 발행 2008년 5월 22일
5쇄 발행 2012년 5월 16일

지은이 강응천
펴낸이 이기섭
편집 박상육 김성은 염미희 최연희
디자인 DesignZoo
마케팅 조재성 성기준 정윤성 한성진
관리 김미란 장혜정

펴낸곳 한겨레출판(주) www.hanibook.co.kr
주소 서울시 마포구 공덕동 116-25 한겨레신문사 4층
전화 02-6383-1602~3
팩스 02-6383-1610
출판등록 2006년 1월 4일 제313-2006-00003호

ISBN 978-89-8431-261-6 03900

세계史일주

오대양 육대주의 어제와 오늘

강응천 지음

한겨레출판

세계를
한 바퀴 돌며
역사와 만나기

인류 문명의 발상지인 메소포타미아가 지금의 이라크라고 하면 대부분의 사람들이 깜짝 놀란다. 메소포타미아가 주는 심원하고 찬란한 이미지와 폭탄 테러로 얼룩진 오늘날의 이라크는 왠지 어울리지 않는 짝처럼 느껴지기 때문이다. 역사책을 섭렵하면서 인류의 과거에 대해 해박한 지식을 쌓은 사람도 이처럼 역사와 현실이 만나는 지점에 서면 뜻밖에도 눈뜬장님이 될 때가 많다.

단지 역사의 현장과 뉴스의 현장을 일치시켜 인식하지 못하는 것이 문제가 아니다. 그것은 오히려 작은 문제다. 지도를 펼쳐 놓고 "아하, 여기가 거기구나!" 하고 뒤통수를 한 번 치기만 하면 되니까. 진짜 문제는 역사 따로, 현실 따로 인식하면서 특정 지역이나 세계 전체를 보는 관점이 비틀어질 수 있다는 점이다.

유럽의 크리스트교 문화권과 아랍의 이슬람교 문화권이 충돌하는 모습을 보면서 많은 사람들이 선진 유럽과 후진 아랍이라는 근본적으로 구별되는 두 세계를 상정한다. 그러나 역사를 조금만 현실과 연결 지어 보는 눈을 가진다면, 크리스트교와 이슬람교가 역사적으로 형제 종교이고 두 세계는 오랜 옛날부터 하나의 틀 속에서 움직였으며 한때는 아랍이 유럽을 앞장서서 이끌었다는 것을 알 수 있다. 나아가 그러한 역사가 근대 제국주의 시대를 지나면서 어떻게 오늘날의 적대적 관계로 변화되었는가도 이해할 수 있다.

멀리 갈 것도 없다. 근대 들어 우리나라가 일본의 식민지로 굴러 떨어지고 지금도 분단된 채 일본의 뒤꽁무니를 따라가느라 정신없는 모습만 보는 외국인은 그것을 한일 관계의 영구적 현상으로 바라보기 쉽다. 고대 한반도를 일본 야마토 제국의 식민지로 보고 동해를 일본해로 표기하는 '눈뜬장님'들이 지적인 무지렁이라서 그런 것은 아니다. 정확한 역사적 전후 관계를 모른 채 선진국 일본과 중진국 한국만을 보아 온 그들에게는 그렇게 보는 것이 매우 자연스럽게 느껴질 것이다.

지구상에 존재하는 모든 나라, 모든 민족이 역사의 모든 국면에서 두드러진 활약을 하거나 인류사에 큰 공을 세우지는 않았다. 그래서 우리가 읽는 역사책은 시대마다 역사를 앞서서 이끈 나라와 민족만을 부각시킨다. 세계사를 보는 우리의 관점에 많은 영향을 준 유럽과 미국 취향의 역사책을 보면, 이라크가 속한 서아시아 지역은 고대 문명 발생기에 반짝했다 사라진다. 그 다음에는 7세기 이슬람교 탄생 시기에 잠깐, 제국주의의 식민지 경쟁 때 잠깐 나타날 뿐이다. 그리스도 마찬가지여서 우리는 그리스의 주된 종교가 다신교가 아닌 크리스트교라고 하면 잠깐 혼란스러워진다. 역사책에서 인도는 불교의 탄생 때 많이 등장하기 때문에 갠지스 강에 몸을 던져 목욕하는 현대 인도인의 의식을 불교 행사로 착각하는 학생들도 많다. 앙코르와트는 그것이 어느 시대 어느 나라 유적인지 아예 관심도 없다. 역사책에서 의미 있는 자리를 차지하지 않았기 때문이다.

이 책의 목적은 오늘날의 세계를 한 바퀴 돌면서 각 지역의 역사를 피드백하는 데 있다. 독자는 누구나 알고 있다고 생각하는 현대의 나라들에 가서

한 번은 역사책에서 읽은 것 같은 역사와 만날 것이다. 그리고 "아, 그게 그 나라의 역사였어?" 하고 새삼 알았다는 표정을 지을 것이다. 이렇게 세계사를 일주하고 나면 고정되어 있던 우리의 역사관, 우리의 세계관도 말랑말랑하게 변화될 것이다. 현실과 역사가 때로는 뜻밖의 지점에서 합류하여 양자에 대한 고정관념을 모두 바꿔 놓는다. 그것은 "우리가 알고 있는 것이 전부는 아니다."라는 평범한 진리를 이미 알고 있는 다른 것을 통해 깨닫는 흥미로운 체험이다.

이러한 체험을 통해 우리는 입체적이고 유기적인 역사 지식 말고도 귀중한 교훈을 하나 더 얻을 수 있다. 오늘날 세계를 주무르는 강대국이든, 빈곤의 나락에서 늘 굶어 죽을 위기에 놓인 후진국이든, 지구상에 존재하는 모든 나라 모든 인류가 역사 속에서 한때 자신의 빛나는 가치를 드러냈고 앞으로도 발현시킬 수 있는 잠재력의 소유자라는 명백한 인식이 그것이다. 21세기를 이끌어갈 민주적, 보편적 세계관은 세계의 역사를 올바로 피드백하는 데서 시작된다.

이 책은 『독서평설』에 연재된 글을 모아 다시 정리한 결과물이다. 윤소현 팀장을 비롯하여 원고를 세밀하게 검토하고 다듬어준 『독서평설』 편집진과 정진항 팀장을 비롯하여 원고를 재정리하고 책으로 완성하는 데까지 정성을 기울여준 한겨레출판 편집진에게 감사드린다.

2008년 5월
강응천

차 례

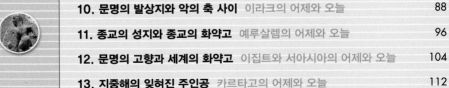

3부 유럽과 아메리카 문명의 변경에서 세계 문명의 중심으로

4부 대양과 인류 문명 미지의 심연에서 문명의 대수로로

대한민국 **소국(小國) 콤플렉스와 싸워 온 5천 년** 우리의 어제와 오늘

아시아

늙은 대륙에서
동서 문명의 용광로로

1

아시아는 늙었다. 중국, 일본, 인도, 이란 등 어느 나라를 가도 수천 년 된 역사의 유산들이 고색창연한 광채를 발하고 있다. 그러나 조금만 눈길을 돌리면 서양에서 흘러 들어온 현대 문명의 발랄한 풍경이 곳곳에서 펼쳐진다. 그만큼 아시아는 젊다. 동서와 신구의 융합이 어느 곳보다 빠르게 이루어지는 곳이 아시아다.

에도에 들어가는 조선 통신사 행렬.

1 왜와 대일본제국

우리는 흔히 일본을 '가깝고도 먼 나라'라고 말한다. 지리상으로 따지면 중국을 제외하고는 일본보다 더 가까운 나라도 없지만, 역사를 훑어 올라가면 일본만큼 우리와 사이가 멀어진 나라도 없다. 청산하지 못한 어두운 과거사를 비롯해 끊임없이 터져 나오는 역사 왜곡 문제와 독도 영토 분쟁 등으로 우리는 일본에 쉽게 다가서지 못한다. 오랜 세월 우리와 분쟁과 화해의 역사를 되풀이하고 있는 일본의 어제와 오늘을 살펴보자.

하필이면 일본의 식민 지배를 받다니

우스갯소리로 이런 이야기가 있다. 세계 각국의 사람들이 타고 가던 배가 암초에 걸려 가라앉게 되었다. 승객 수를 줄여야만 남은 몇 사람이라도 살 수 있는 위기의 순간이었다. 용감한 사람들이 희생정신을 발휘해 바다 속으로 하나 둘씩 몸을 던졌다. 영국 사람은 "여왕 폐하 만세!"를, 프랑스 사람은 국가國歌의 제목인 "라마르세예즈!"를 외치면서…. 그때 한국 사람이 뱃전으로 나와 두 팔을 들고 "대한민국 만세!"를 외치더니 옆에 있던 일본 사람을 번쩍 들어 바다로 던져 버렸다는

일본의 메이지 정부가 조선 침략의 전략을 짜는 모습.

이야기다.

이것은 가까우면서도 먼 이웃인 한국과 일본의 관계를 빗댄 이야기다. 한국인이 일본인을 미워하는 것은 단지 지난 세기에 식민 지배를 받았다는 사실 때문만은 아니다. 식민 지배는 그 자체로 원통하고 분한 일이지만, 그런 분한 꼴을 다른 나라도 아닌 일본에 당했다는 사실이 더욱 우리의 심사를 뒤틀리게 했다. 고대사를 들먹일 것도 없이 조선 시대만 해도 일본은 조선에 많은 것을 빚지고 살았다. 그런 나라가 조선을 단숨에 삼킬 만큼 커 버렸고, 그에 대해 "우리는 도대체 뭘 했지?" 하는 자괴감이 우리를 괴롭혀 왔던 것이다.

우 리 가 문 화 를 전 해 주 던 나 라

1748년 조선 통신사가 일본에 도착했다. 500여 명의 사람들이 6척의 배에 나눠 타고 부산을 출발해 쓰시마對馬 섬에 이르렀다. 쓰시마 섬 영주가 직접 나와 오사카까지 안내하면, 그곳에서 다이묘大名라는 권력자가 교토京都로, 다시 에도江戶 도쿄의 옛 이름로 이들을 이끌었다.

일본은 조선 통신사를 접대하기 위해 1,400여 척의 배와 1만여 명의 사람을 동원했는데 그 비용이 한 주州의 1년 경비에 해당할 정도였다. 통신사가 가는 곳마다 일본은 축제 분위기였고, 통신사의 글씨를 받거나 조선에서 건너간 광대의 재주부림을 보려는 사람들로 거리는 인산인해를 이루었다. 또 일본 귀족 사이에서는 조선 사람이 말을 타고 재주를 부리는 모습이나 통신사 행렬이 지나가는 모습을 새긴 자개 도장집이 유행하기도 했다. 그러다 보니 한쪽에서는 조선 통신사를 너무 후하게 대접하는 게 아니냐는 우려의 목소리도 나왔다.

일본 사람들은 왜 이렇게 조선 통신사를 극진하게 대접했을까? 그 당시 일본은 쇼군將軍이라는 무인 권력자가 다스리는 막부幕府 체제를 유지하고 있었다. 형식적인 군주인 천황이 교토에 자리 잡고 있기는 했으나 실권은 어디까지나 에도의 쇼군에게 있었다. 조선 통신사는 바로 이러한 쇼군이 바뀔 때마다 일본의 요청으로 파견된 외교사절이었다. 최고 권력자의 등극에 권위를 실어 주기 위한 목적에서 파견된 사람들이었기 때문에 그토록 환대를 받았던 것이다.

이처럼 쇼군이 통치하는 에도막부* 시대가 열린 것은 임진왜란 직후인 1603년의 일이다. 임진왜란을 일으킨 전범자 도요토미 히데요시豊臣秀吉, 1536?~1598는 비록 대륙 진출에는 실패했지만 일본 각 지역의 무인 세력을 하나로 묶는 성과를 거두었다. 그런 그가 병으로 죽자, 도쿠가와 이에야스德川家康, 1543~1616가 패권을 차지하고 자신의 막부를 세웠다.

도쿠가와 이에야스는 조선에 국교를 다시 맺자고 요청했고 조선은 전쟁이 끝난 지 10년 만에 이를 수락했다. 그 뒤 일본은 60여 차례 사신을 보냈고, 조선 역시 1811년까지 12차례 통신사를 파견했다. 7년에 걸친 침략 전쟁으로 국토를 짓밟았던 적국의 수교 요청에 조선 조정이 그토록 빨리 응했던 까닭은 무엇일까? 호전적인 일본을 유교 사상으로 교화시켜 국가 안보를 도모하겠다는 뜻이었다.

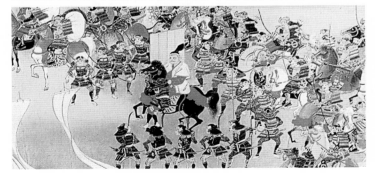

도요토미 히데요시 아들 세력을 공격하기 위해 출전하는 도쿠가와 이에야스(검은 말을 탄 사람).

* 에도막부 일본의 도쿠가와 이에야스가 1603년 에도에 수립한 무가(武家) 정권.

그 당시 조선의 눈에 비친 일본은 문명 세계의 변두리에서 유교적 교양의 세례를 제대로 받지 못해 툭하면 남의 땅을 넘보는 존재였다. 중국까지 넘보며 조선을 침략했던 전범자에게 그런 평가가 내려지는 것은 당연했다.

욘사마에 열광하는 사람들

"배용준이 일본을 마비시켰다."

2004년 한국 배우 배용준의 일본 방문을 보도한 우리나라 한 일간지의 제목이다. 2002년 배용준이 출연한 드라마 〈겨울연가〉가 일본 주부들 사이에서 선풍적인 인기를 끌면서 그가 입국한 하네다羽田 공항에 수천 명의 환영 인파가 몰려든 상황을 이렇게 표현했다. 그런데 배용준에 대한 일본인의 열광보다도 더 뜨거웠던 것은 그런 사실을 보도하는 한국 언론이었다. 상황을 바꾸어 일본 연예인이 한국 공항에서 뜨거운 환영을 받는다면 일본 언론도 똑같이 흥분할까?

'욘사마' 배용준을 반기는 일본 팬들.

1945년 일본의 식민 지배가 끝났지만, 우리는 줄곧 일본에 대한 증오와 경계의 눈초리를 풀지 않았다. 그러니 일본 영화나 가요가 한국 대중에게 소개되는 것 자체를 '문화 침략'으로 간주하는 분위기가 여전했다. 35년간 일본의 지배를 받으면서 철저히 일본에 길들여져 왔기 때문에 다시 일본 문화가 유포되기라도 하면 우리 문화가 일본 문화에 종속되고 말리라는 두려움이 있었던 것이다.

그러다 50년이 넘는 세월이 흐른 뒤에야 일본 대중문화가 개방되었지만, 여전히 많은 사람이 가슴을 졸여 왔다. 당연히 한국의 자생적인 대중문화가 일본 사회에 의미 있는 영향을 미친다는 것은 상상조차 할 수 없었다. 그동안 일본에서 인기를 끈 한국 연예인이 없었던 것은 아니지만, 그들은 일본에 머물며 일본 노래를 부르고 일본 텔레비전에 출연하는 사람들이었다. 그런데 〈겨울연가〉 '사태'가 벌어진 것이다. 일본과 다른 길을 걸어온 한국의 독자적인 대중문화가 일본에서 폭발적인 인기를 끌다니! 일본에 대한 피해 의식에 사로잡혀 있던 한국인이 이 사태 앞에서 열광하는 것은 어쩌면 당연한 일인지도 모른다.

1748년의 통신사나 2004년의 배용준이 일본에서 환대를 받은 것은 마찬가지지만 그들의 감회는 너무나 다르리라. 그들을 환대하는 일본이 250여 년의 세월을 두고 너무나 달라져 있었기 때문이다. 도대체 그동안 무슨 일이 있었던 것일까?

미국에 배운 것을 조선에서 써먹은 제국주의 나라

에도막부는 200여 년 동안 쇼군을 중심으로 군림하면서 안으로는 철저한 봉건 통치, 밖으로는 고집스러운 쇄국정책*을 유지했다. 그렇다고 나라 문을 완전히 닫아걸지는 않았다. 조선과 중국에 대해서는

17세기 일본에 들어온 네덜란드 무역선(위)과 1853년 페리 제독이 일본에 상륙하는 모습.

물론이고 서양 나라들 가운데서도 네덜란드와는 교류를 계속했다. 유독 네덜란드가 특혜를 받은 것은 동인도회사를 발판으로 일찌감치 아시아에 진출해 일본과 오랜 교역 관계를 유지하고 있었기 때문이다. 1653년 제주도에 떠내려 왔던 하멜^{H. Hamel, ?~1692}도 일본으로 향하던 네덜란드 동인도회사의 선원이었다.

프랑스어로 '홀란드' 라 부르는 네덜란드를 한자로 표기하면 '화란^{和蘭}' 이다. 17세기 무렵 일본을 오가던 네덜란드 사람들은 일본에 서구 과학 기술 문명을 속속 전해 주었다. 새로운 문명에 호기심을 느낀 사람들은 이것을 연구하기 시작했고, 그것이 하나의 학문으로 정착되기에 이른다. 그것이 바로 '란가쿠', 곧 '난학^{蘭學}' 이다. 난학은 동양인의 시각에서 서양의 근대 문명을 흡수하는 토대가 되었고, 그 뒤 일본 근대화의 물결인 메이지유신*의 밑거름으로 작용했다.

에도막부의 쇄국정책은 1853년 검은 군함을 이끌고 와서 개항을 요구하는 미국의 페리^{M. C. Perry, 1794~1858} 제독 앞에서 무너졌다. 이로 인해 쇼군의 권위는 땅에 떨어졌고 근대화를 요구하는 젊은 관료들은 천황을 앞세워 막부를 퇴진시키고 1868년 개혁을 단행했다. 봉건제도가 무너지고 국가가 주도하는 위로부터의 근대화가 빠르게 진행되었다.

이제 일본은 더 이상 조선에 통신사를 요청하지 않았다. 막부가 무너졌으니 당연히 쇼군이 즉위할 일도 없었다. 반대로 일본은 미국에

＊**쇄국정책** 다른 나라와의 통상과 교역을 금지하는 정책.
＊**메이지유신** 1868년, 일본은 12세기부터 이어져 온 막부 체제를 마감하고 천황 중심의 중앙집권 국가로 탈바꿈했다. 이렇게 탄생한 메이지유신 정부는 에도를 도쿄라는 이름으로 바꾸고, 토지·조세 제도를 재정비하는 등 강력한 개혁 정책을 실시했는데, 사회·정치·문화 전반에 걸친 일본의 이런 변화를 메이지유신이라 한다.

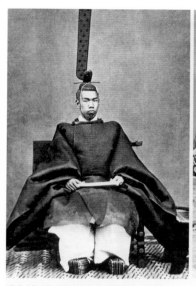

메이지유신을 전후해 달라진 일본 천황의 모습.

배운 방식 그대로 군함을 앞세워 밀고 들어와 조선을 개항시켰다. 일본에 마지막으로 통신사를 파견했던 60여 년 전과 비교하면 너무나도 달라진 모습이다. 당황한 조선은 도대체 일본이 어떻게 그토록 빠르게 변신했는지 궁금했고, 그래서 자발적으로 사절단을 파견해 그 연유를 살폈다. 수신사라 불리던 이 사절단은 통신사가 누리던 환대를 받지 못했다. 그리고 그로부터 30여 년이 흐른 뒤, 조선의 젊은이들은 식민지 학생의 자격으로 일본 유학길에 올랐다. 역사상 나라와 나라의 관계가 이토록 짧은 시간 안에 달라진 예는 찾아보기 어려울 것이다.

일본의 놀라운 변신, 조선과 일본 관계의 극적인 변화는 서세동점 西勢東漸 서양이 동양을 지배한다는 뜻 의 세계사적 흐름과 떼어 놓고 설명할 수 없다. 배용준이 일본 열도를 '마비시키고' 있는 지금도 일본은 세계에서 가장 부강한 나라 가운데 하나다. 일본을 '왜倭' 라고 멸시하던 옛날로 돌아가는 것은 바람직하지 않다 하더라도 한국과 일본이 실질적으로 대등한 관계로 발전할 수는 있을까? 일본 식민 지배의 유산인 남북 분단이 해소되기 전까지 그 답은 '아니다' 쪽에 가깝다.

노르웨이

라트비아
리투아니아
벨로루시
폴란드
독일
체코
슬로바키아
우크라이나
헝가리
루마니아
불가리아
그리스
터키
레바논
시리아
이스라엘
이라크
이집트
리비아
사우디아라비아
오만
아랍에미리트
예멘
수단
지부티
에티오피아

러시아

카자흐스탄

우즈베키스탄
투르크메니스탄
타지키스탄
아프가니스탄
이란
파키스탄
네팔
인도

몽골
키르기스스탄

중국

미얀마
라오스
타이
캄보디아
베트남

대한민국

대만
필리핀

영국
네덜란드
벨기에
프랑스
스위스
이탈리아
스페인
튀니지
알제리
니제르
차드

말리
부르키나파소
베냉
가나
토고
적도기니
가봉
콩고
공화국
콩고민주공화국
중앙아프리카
공화국
우간다
케냐
탄자니아
앙골라
잠비아
나미비아
보츠와나
짐바브웨
모잠비크
스와질란드
레소토
말라위
마다가스카르

소말리아
카메룬
나이지리아
나이지리아

브루나이
말레이시아
싱가포르
인도네시아

오스트레일리아

中华人民共和国万岁 世界人民大团结万岁

중국 베이징의 톈안먼 광장.

2

중화 '제국' 과 중화 '인민공화국' 사이

중국의 어제와 오늘

세계 인구의 5분의 1이 살고, 세계에서 세 번째로 넓은 국토를 가지고 있는 나라, 중국. 중국 대륙은 너무나 광활하기 때문에 지역마다 문화가 크게 다르고, 심지어 언어까지 달라 통역관이 없으면 서로 대화하기 어려울 정도라고 한다. 이처럼 이질적인 문화가 섞여 있는 가운데에도 유구한 역사를 자랑하며 세계를 주름잡는 중국의 힘은 과연 어디에서 나오는 것일까.

세계의 중심인 나라

세계에서 국토가 넓은 나라를 꼽으라고 하면, 1위가 러시아, 2위가 캐나다, 3위가 중국이다. 중국의 국토는 면적으로 따지면 약 960만 km²에 이르는데, 이것은 한반도의 무려 50배에 이르는 넓이다. 이 거대한 땅에 살고 있는 사람도 13억 명이 넘으니, 인구로는 단연 세계 1위다. 러시아를 제외한 유럽 대륙보다 인구와 면적 모두 두 배가 넘는다고 하니, 하나의 나라라기보다는 '대륙' 이라는 말이 더 어울린다.

이 거대한 나라의 정식 국호는 중화인민공화국中華人民共和國, People's

고대 문명을 탄생시킨 황허 강.

Republic of China이다. '중국'이라든가 '중화'라든가 하는 이름은 3,000년 전 지금의 산시 성陝西省 일대에 자리 잡았던 주나라周, 기원전 1120?~221 때부터 사용되어 왔다. '중中'은 중심이라는 뜻이고 '화華'는 문화라는 뜻이니, 중화는 '문화의 중심' 또는 '세계의 중심'이라는 뜻이다. 서양 사람들에게는 그 이름의 의미가 쉽게 다가오지 않겠지만, 우리 같은 한자 문화권 사람들에게는 위압적이고 오만해 보이는 이름이 아닐 수 없다.

나라가 크면 그냥 '대국大國'이라고 할 것이지, 어떻게 세계의 중심이라는 말을 쓸 수 있었을까? 그것도 아득한 옛날부터 오늘날에 이르기까지 일관되게.

중화(中華)는 중원(中原)의 지리적 조건에서 싹텄다

중국의 황허黃河 유역은 이집트·서아시아·인도와 함께 인류 4대 문명의 발상지 가운데 하나다. 곧 황허를 끼고 있는 허난 성河南省과 산시 성은 중국 고대 문명의 요람이었던 셈이다. 갑골문자로 유명한 은나라殷, 기원전 1600~1046는 고대 문명의 흔적이 남아 있는 은허殷墟를 수도로 삼아 허난 성에 세워졌고, 이 나라를 뒤엎고 중국 봉건제封建制의 토대를 세운 주나라는 산시 성의 호경鎬京에 도읍하고 있었다. 또 중국의 영어 표기인 'China'의 어원이 된 진나라秦, 기원전 221~202는 산시 성에, 중국인

© 학정묵

진의 시황제가 쌓기 시작한 만리장성.

을 가리키는 '한족漢族'의 유래가 된 한나라漢. 기원전 220~202는 허난 성에 근거지를 마련했다.

이처럼 고대 중국 문명의 요람이 된 황허와 양쯔揚子 강 사이의 평야 지대를 그들은 '중원中原'이라 불렀다. 중원은 '중앙의 평원'이라는 뜻인데, 그도 그럴 것이 이곳은 평야를 중심으로 사방이 장애물로 막혀 있다. 북쪽은 고비사막과 알타이산맥, 서쪽은 톈산天山산맥과 타림분지, 서남쪽은 티베트고원과 히말라야산맥, 남쪽은 인도차이나산맥, 그리고 동쪽은 바다로 겹겹이 둘러싸여 있는 형태다. 고대 중국인의 눈으로 볼 때, 사방의 험한 지역은 사람이 제대로 문화를 이루고 살 만한 곳이 아니었다.

그래서 중국 사람들은 이들 주변 지역에 사는 소수민족을 천하게 여겨 '이적夷狄(오랑캐)'이라 불렀다. 유학 사상*이 싹튼 춘추시대春秋時代*부터는 주변의 민족들을 각각 동쪽은 이夷, 서쪽은 융戎, 남쪽은 만蠻, 북쪽은 적狄이라는 이름의 오랑캐로 분류하는 사고방식도 함께 싹텄다. 이렇게 세계를 '중화'와 '이적'으로 나눈다고 해서, 중화사상을 '화이사상華夷思想'이라고도 부른다.

---

* **유학 사상** 중국의 공자를 시조로 하는 전통적인 학문으로 인(仁)과 예(禮)를 근본 개념으로 한다. 개인의 마음과 행실을 바르게 닦아야 한다는 수신(修身)을 비롯해 나라를 잘 다스려 온 세상을 편안하게 해야 한다는 군주의 덕(德)인 치국평천하(治國平天下)까지를 그 중심 실천 과제로 여겼다. 우리나라에도 『논어』가 건너온 이래 정치적·사상적으로 커다란 영향을 미쳤다.

* **춘추시대** 기원전 8~5세기, 중국 주나라의 후반기인 약 300년 동안을 가리킨다.

유교의 시조 공자.

중화(中華)는 왕화(王化)와 함께한다

'중화사상'이 이론적으로 다듬어진 것은 한나라 때의 일이었다. 한나라는 중국 역사상 처음으로 유학을 국가의 지도 이념으로 채택한 나라였다. 진나라 시 황제^{기원전 259~210}는 엄격한 법률을 바탕으로 전제정치*를 폈으나, 공자^{기원전 552~479}, 맹자^{기원전 371?~289?}, 순자^{기원전 300~230} 등 유학 사상가들은 군주의 덕으로 백성을 다스리는 것을 중요하게 여겼다. 광활한 중국 땅에 안정된 정권을 확립한 한나라는 이러한 유학의 덕치주의를 받아들였고, 중국의 군주는 그 덕을 널리 펼쳐 중화의 영향이 만방에 미치도록 해야 한다는 '왕화사상^{王化思想}'을 확립했다.

중화사상과 왕화사상의 결합은 그 뒤 청나라^{淸, 1644~1912}에 이르는 2,000년 동안 황제 정치 체제 아래 유학자 관료와 지식인층에 의해 정착되었다. 황제, 곧 천자^{天子}의 덕으로 백성을 교화하는 것을 이상^{理想}으로 삼는 유학에서는, 천자가 살고 있는 중국 땅은 물론 나라의 경계가 되는 변두리의 땅이나 새외^{塞外, 중국의 만리장성 밖} 지역도 왕화의 은혜

당 태종 시대에 주변 나라들이 조공을 바치던 모습을 그린 직공도.

* 전제정치 국가 권력을 개인이 장악하여 민의나 법률에 제약을 받지 않고 실시하는 정치.

를 입어야 한다고 생각했다. 물론 왕화의 영향은 중심에서 멀어질수록 희미해지지만, 중화 문화가 미치지 않는 '화외化外'의 땅이라 하더라도 언젠가는 왕화의 은혜를 입을 수 있다고 보았다. 그런 점에서 지구상의 모든 지역이 중화의 세계라고 할 수 있었다. 이런 사상 아래에서는 한족의 문화양식만이 절대적인 기준이 되어 각 민족의 고유한 문화의 가치는 부정될 수밖에 없었다. 외국의 통상通商 사절이 중국에 와서 '조공朝貢, 속국이 종주국에 때마다 예물을 바치던 일'하는 것도 같은 맥락이었다.

중화(中華)의 오늘

동서고금을 막론하고 자기 민족이 최고라는 사상은 늘 있어 왔다. 그리스인은 주변 종족들을 '바르바로이'라고 불렀는데, 이것이 야만인을 뜻하는 '바바리안barbarian'이라는 말의 유래다. 또 유대인은 자신들이 하느님으로부터 선택받은 민족이라는 '선민選民 사상'을 가지고 있었고, 독일의 나치스는 게르만족 우월주의를 내세워 유대인을 학살했다. 그러나 그 어느 것도 중화사상처럼 확고한 기반을 가지고 오랜 세월 위력을 떨쳐 온 것은 없었다.

그런데 중화사상에서는 사실 종족적·민족적 차이가 별 문제가 되지 않는다. 어떤 민족이든 중화의 세례를 받으면 그 자신이 중화가 될 수도 있기 때문이다. 조선 시대에 사대부들이 '우리도 중화'라고 주장했던 것은 그런 이유에서였다. 또 중원을 정복하려 했던 유목민들도 '중원이 세계의 중심이고 문화의 본산本山'이라는 중화사상을 부정하지 않았다. 오히려 중원이 살기 좋은 곳이고, 중화가 훌륭한 것이기에 그 혜택을 누리기 위해 중원 정복을 도모했던 것이다. 동아시아에서 남러시아, 이란에 이르는 세계 제국을 이룩한 칭기즈칸Chingiz Khan,

1155?~1227의 손자 쿠빌라이Khubilai, 1215~1294의 예를 들어 보자. 그는 중원을 장악하고 스스로 중화가 되어야만 세계를 지배할 수 있다고 믿고 중국식 정통 왕조인 원元, 1271~1368을 세웠다.

중국 최후의 왕조 역시 한족이 아닌 만주족이 세운 청나라였다. 청나라 역시 '이제는 우리가 중화'라고 노래 부르며 중국 문화에 푹 젖어 들었다. 중국 역사상 가장 훌륭한 황제의 반열班列에 드는 강희제1654~1722와 건륭제1711~1799, 옹정제1678~1735 등은 가장 '중화'적인 만주족 황제였다. 또한 중국 사람들은 다른 민족이 세운 원이나 청 왕조를 중국의 정통 왕조로 꼽는 데 주저하지 않는다. 그 왕조들은 모두 중화사상을 훌륭하게 구현했기 때문이다.

이처럼 중화사상은 민족의 경계를 넘어 무한히 퍼질 가능성을 지니고 있기 때문에 국경이나 영토의 개념을 중요하게 여기지 않는다. 1842년 청과 영국 사이의 아편전쟁*이 청의 패배로 끝난 뒤 서유럽 열강은 비교적 손쉽게 중국 영토와 이권을 나눠 가질 수 있었다. 그것은 중화사상에 익숙한 청나라가 국경이나 영토에 대해 명확한 개념이 없었던 탓이기도 했다.

이 같은 과거사의 교훈 때문인지 오늘날 중국은 '중화'라는 이름을 사용하면서도 국경 개념만은 분명히 하고 있다. 그리고 옛날처럼 자신의 문화를 국경 너머로 확산시켜야 한다는 의무감이나 강박관념도 없다. 오히려 개혁·개방 노선을 걸으면서 국경선 밖에서 미국이나 서유럽으로부터 자기네 문화를 받아들이라는 압력을 받고 있다. 어쩌면 오늘날 중국인은 자기 문화만이 존재 가치가 있고 다른 모든 민족의 문화를 무시했던 조상들의 업보를 떠안고 있는지도 모른다. 그들은 아마 서양 사람들에게 이렇게 말하고 싶을 것이다.

* **아편전쟁** 1840년 청나라의 아편 수입 금지 조치가 발단이 되어 청나라와 영국 사이에 일어난 전쟁이다. 전쟁에서 패한 청나라가 난징(南京)조약에 따라 홍콩을 영국에 내주고 사먼·상하이 등 다섯 개의 항구를 개항했다.

2008년 베이징 올림픽을 앞두고 축하 행사
를 벌이는 베이징 시민들.

"중화사상을 다른 민족에게 전파하려고 했던 경험을 가지고 말하건대 아무리 뛰어난 문화도 그 민족이 자발적으로 받아들여 자기 것으로 삼기 전에는 결코 훌륭한 것이라 할 수 없다."라고.

노르웨이 · 에스토니아 · 라트비아 · 리투아니아 · 벨로루시 · 러시아 · 영국 · 네덜란드 · 벨기에 · 독일 · 폴란드 · 체코 · 슬로바키아 · 우크라이나 · 카자흐스탄 · 몽골 · 프랑스 · 스위스 · 헝가리 · 루마니아 · 우즈베키스탄 · 키르기스스탄 · 이탈리아 · 불가리아 · 투르크메니스탄 · 타지키스탄 · 중국 · 대한민국 · 일본 · 그리스 · 터키 · 시리아 · 아프가니스탄 · 튀니지 · 레바논 · 이라크 · 이란 · 파키스탄 · 네팔 · 이스라엘 · 요르단 · 대만 · 알제리 · 리비아 · 이집트 · 사우디아라비아 · 오만 · 아랍에미리트 · 인도 · 미얀마 · 라오스 · 필리핀 · 말리 · 니제르 · 차드 · 수단 · 예멘 · 타이 · 베트남 · 캄보디아 · 지부티 · 에티오피아 · 브루나이 · 기니 · 나이지리아 · 중앙아프리카공화국 · 소말리아 · 말레이시아 · 싱가포르 · 카메룬 · 우간다 · 케냐 · 토고 · 적도기니 · 가봉 · 콩고공화국 · 콩고민주공화국 · 탄자니아 · 인도네시아 · 앙골라 · 잠비아 · 말라위 · 마다가스카르 · 나미비아 · 짐바브웨 · 오스트레일리아 · 보츠와나 · 모잠비크 · 스와질란드 · 레소토

ⓒ문야곤

서울 연희동 한성화교 중학교에 걸려 있는 쑨원, 장제스 초상화와 여러가지 휘호들.

3 독립과 통일의 갈림길에 서다

대만의 어제와 오늘

만약 6·25전쟁이 남한의 패배로 끝났다면 어떻게 되었을까? 뜻을 굽히지 않은 자유민주주의자들이 어딘가에서 국토 수복의 꿈을 꾸고 있지 않았을까? 가령 제주도를 중심으로 나라를 이루고, 경제적 발전을 도모하며 한반도로 진출할 그날을 기원하면서 말이다. 전쟁이 끝난 지 50년이 지난 지금쯤이면 아마도 통일이냐, 독립이냐를 두고 고심했을지도 모르는 일이다. 이것은 어디까지나 '만약'을 가정한 시나리오지만, 실제로 이러한 역사를 거친 나라가 있다. 바로 대만이 그 주인공이다. 중국에서 떨어져 나와 살아가던 끝에 독립과 통일의 갈림길에 놓인 대만을 살펴보자.

을 지 로 에 사 는 중 국 사 람 들

서울의 청계천을 따라 나 있는 길을 '을지로'라 부른다. 조선 시대에는 '약방이 모여 있는 거리'로서 '구리개'라 했고, 일제강점기에는 '황금정통黃金町通'이라 하다가 1946년 일본식 동명을 정리하면서 비로소 지금의 이름으로 부르게 되었다.

을지로에는 옛날부터 한약방이 많았다. 한약이 중국에서 건너왔기 때문인지 이곳에는 화교들이 넘쳐 났고, 지금까지 화교 학교가 남아 있다. 그런데 우리나라의 화교는 중국이 아니라 동중국해에 떠 있는 작은 섬나라 대만臺灣에 연고를 둔 사람들이 대부분이다.

대만의 정식 국호는 중화민국中華民國이다. 1949년 중국 땅에 사회주의 국가인 중화인민공화국이 설립되자, 내전에서 패배한 국민당의 장제스蔣介石, 1887~1975 정권은 대만 섬으로 이주하여 자본주의 국가를 세웠다. 비록 사상이 달라 중국 땅을 떠났지만, 그들은 중국 본토를 되찾을 그날을 손꼽아 기다려 왔다. 그러나 최근 들어 대만에서는 중국 본토와의 인연을 끊고 독립국가를 세우자는 움직임도 일어나고 있다. 만약 이 같은 움직임이 대세를 이룬다면 대만은 더 이상 중화민국이 아닐 것이고, 이곳 출신 교민도 더 이상 화교일 수가 없다. 화교의 '화'는 중화中華, 곧 중국을 가리키는 말이기 때문이다.

남한 면적의 1/3을 조금 넘는 땅덩이에, 인구라고 해 봐야 고작 남한의 절반에 지나지 않는 작은 섬나라, 대만. 대만이 중국인의 땅이 된 내력은 무엇이며, 이제 와서 대만 사람들이 스스로 중국인이기를 거부하는 이유는 무엇일까?

중 국 입 성 을 꿈 꾸 는 대 만 사 람 들

1661년 정성공鄭成功, 1624~1662이 이끄는 중국 명나라 사람들이 대만으로 밀어닥쳤다. 그 당시 이곳은 네덜란드의 세력권 안에 있었는데, 중국인들은 강력한 군대를 앞세워 네덜란드인들을 밀어내고 이 섬의 주인이 되었다. 정성공은 이곳에서 '항청복명抗淸復明'의 구호를 내걸고 '대륙 반격'을 준비했다.

원래 정성공은 일본의 나가사키長崎 현 출신으로, 일곱 살 때 해적이던 아버지를 따라 명나라로 건너갔다. 그는 명나라에 충성을 바친 아버지의 후광 덕에 난징南京에서 공부할 수 있었다. 그러나 정성공이

중국의 반분열법 통과에 맞서 '전쟁 반대'와 '대만 사랑'을 외치는 대만 국민들.

스무 살 되던 1644년 명나라가 망하고 청나라가 중국 전역을 차지하자, 그는 동중국해 연안을 근거지로 삼아 청나라에 저항했다. 1645년에는 명나라 황족 가운데 한 사람을 융무제隆武帝, 1602~1646로 옹립하고 명나라의 부활을 선언하며 난징으로 쳐들어갔다. 하지만 청나라의 무차별적인 반격에 끝내 실패하고 말았다.

그렇다고 정성공의 세력이 완전히 소멸된 것은 아니었다. 청나라는 그런 그의 마지막 숨통마저 조여 오기 시작했다. 푸젠 성福建省, 저장 성浙江省 등 동중국해 연안의 주민을 내륙으로 강제 이주시켰고, 그들과 정성공 세력 사이의 왕래와 무역을 차단하는 정책을 폈다. 이 정책은 크게 성공해 정성공은 점차 연해에서 세력을 잃었고 계속된 청나라의 공세에 밀려 대륙에서 160km 정도 떨어진 대만까지 쫓겨나게 되었다.

결국 대륙을 되찾겠다는 정성공의 꿈은 수포로 돌아가고 말았다. 그는 대만을 차지한 이듬해에 세상을 떠났고, 그의 잔당을 제압한 청나라는 1684년에 대만을 푸젠 성에 예속시켰으며 대만을 중국의 일부로 개발해 나갔다.*

대만의 오늘

중화민국과 대만 공화국 사이의 갈림길

이처럼 중국 역사에서 대만은 중요한 의미를 지닌다. 앞에서 살펴본 것처럼 청나라는 이곳을 푸젠 성에 예속시키고 중국의 일부로 개발

* 대만이 중국의 지배를 받은 것은 이때가 처음은 아니다. 중국은 유비(劉備 161~223)와 조조(曹操 155~220) 등이 활약하던 삼국시대에 이미 대만을 경영한 일이 있었고, 11세기 송나라 때까지도 대만으로 넘어오는 사람들이 많았다. 14세기 원나라 때 이미 대만을 푸젠 성에 예속시키기도 했다.

2차 세계대전 당시 일본의 황국신민 교육을 받았던 대만의 어린이들(왼쪽)과 리덩후이 총통의 일본 야스쿠니신사 참배를 반대하는 대만 시민들(2007년).

해 나갔다. 그러다 청나라가 열강의 침략 앞에 기우뚱거리면서 대만의 운명 역시 기구하게 흘러갔다. 1874년 대만에 머물던 일본인이 살해되자 일본은 그것을 빌미로 군대를 파견했고, 20년이 지난 1894년 청일전쟁을 일으켜 한반도를 쑥대밭으로 만들었다. 이 전쟁으로 일본은 조선에서 확고한 세력으로 자리 잡았고, 대만 역시 이때부터 일본의 식민지로 전락했다.

1895년 청나라와 일본 사이에 맺어진 시모노세키(下關)조약*에 따라 모든 대만 사람은 2년 내에 청나라나 일본 국적을 선택해야 했는데, 이때부터 대만의 기나긴 항일 투쟁이 시작되었다. 식민지로 전락한 그때부터 일본도 청나라도 아닌 대만 공화국을 건설하겠다는 운동이 일어났고, 1920년부터는 대만 사람의 손으로 의회를 설치하겠다는 청원 운동이 벌어지기도 했다. 바로 이것이 오늘날 대만에서 일어나고 있는 독립 노선의 뿌리를 이루고 있다.

* **시모노세키조약** 1895년 청일전쟁의 전후 처리를 위해 청나라와 일본 사이에 맺어진 조약. 청일전쟁에서 일본이 압도적인 승리를 거두자, 청나라는 랴오둥반도(遼東半島)와 대만 등을 일본에게 내주었고, 쑤저우(蘇州)·항저우(杭州)·충칭(重慶) 등을 개항하여 일본인의 상공업 활동을 승인하는 등 많은 이권을 일본에 넘겨주었다. 그러나 러시아·독일·프랑스는 일본을 위협해 랴오둥반도를 반환하게 했고, 그 대가로 청나라로부터 철도 부설권, 광산 채굴권, 조차지(租借地) 설정 등의 이권을 챙겼다.

1911년 신해혁명으로 청나라가 망하고 중화민국이 세워졌지만 대만은 여전히 일본의 식민지로 남아 있었다. 그러던 대만이 중국에 반환된 것은 1945년 일본이 패전하면서다. 그런데 이때 중국 본토는 두 세력으로 나뉘어 내전에 들어갔다. 그리고 대만도 그러한 내전의 소용돌이에서 벗어날 수 없었다.

1949년 장제스가 이끄는 중국인들이 또다시 대만으로 밀어닥쳤다. 이들은 만주족의 청나라를 멸망시키고 탄생한 중화민국 세력으로, 마오쩌둥의 중화인민공화국이 중국 대륙을 점령하자 대만으로 쫓겨 갔다. 이곳에서 장제스는 '반공反共'을 내걸고 '대륙 수복'을 준비했다. 대만을 근거지로 삼아 중국 공산당이 장악한 대륙으로 쳐들어가 중화 민국을 다시 일으켜 세우겠다는 뜻이었다.

장제스는 1908년 일본 유학 중에 근대 중국의 아버지인 쑨원孫文, 1866~1925을 만났고 그를 도와 신해혁명을 성공으로 이끌었다. 쑨원이 죽은 뒤에는 중국 국민당을 이끌고 항일 투쟁을 벌이면서 마오쩌둥毛澤 東, 1893~1976의 중국 공산당과 두 차례나 합작을 하기도 했 다. 합작이란 서로 대립하고 있던 국민당과 공산당이 일 본의 침략에 맞서 공동으로 대응했던 일이다. 이러한 합 작은 1945년 일본이 전쟁에서 패하고 물러가자 더 이상 의미가 없어졌다. 그러니 그동안 유지되던 화해의 분위기 는 온데간데없이 사라지고 두 세력 간에는 사활을 건 내 전만이 남게 되었다.

치열한 전투에서 패한 장제스는 5,000년의 중국 역사 를 상징하는 수많은 보물을 챙겨 들고 대만으로 도망쳤 다. 이때부터 국민당 정부는 대만에 계엄령*을 선포하고

장제스의 모습(1954년).

* **계엄령** 전쟁이나 비상사태가 발생했을 때, 군대를 주둔시켜 경계하며 그 지역의 사법권과 행 정권을 계엄사령관이 관할할 수 있도록 하는 명령을 가리킨다.

반공을 국시國是로 하는 철저한 독재정치를 펼쳐 나갔다. 대만의 민주주의와 인권 문제는 대륙 수복의 그날까지 미루어질 수밖에 없었다. 1954년 중국 총리 저우언라이周恩來, 1898~1976가 무력을 써서라도 대만을 중국 영토 안에 편입시키겠다는 '대만해방선언'을 발표하자 국민당 정부의 독재는 더욱 강화되었다.

정성공이 세운 대만 정권은 청나라의 무력 앞에서 20년 만에 허물어졌지만 장제스의 국민당 정권은 50년이 넘도록 중국의 위협을 버텨냈다. 중국의 힘이 약해서라기보다는 중국을 견제한 미국 덕분이었다. 대만은 그러한 미국의 비호 아래 급속한 경제성장을 이루고 쉽게 무너지지 않을 국력을 키울 수 있었다. 그리고 1991년부터는 굳게 걸어 잠갔던 중국 본토와 대만 교류의 물꼬를 터 대만과 중국 사이에 왕래가 가능해졌다.

독립이냐 통일이냐

국민당 정부를 무너뜨린 것은 중국이 아니라 대만 내부의 반대 세력이었다. 중국 본토에 대한 미련을 버리고 대만 사람끼리 잘사는 '대

2004년 선거에서 승리한 뒤 환호하는 천수이벤 총통(왼쪽)과 그의 퇴진을 요구하는 시위대의 모습(2006년).

렌잔 대만 국민당 주석(왼쪽)과 후진타오 중국 공산당 총서기가 역사적인 만남을 갖고 있다 (2005년).

만 공화국'을 세우자고 주장하는 민진당이 그런 세력이었다. 이 당의 천수이볜陳水扁, 1951~ 후보는 2000년 총선에서 국민당의 리덩후이李登輝, 1923~ 총리를 누르고 정권을 잡았다. 대만 독립을 주장하는 민진당의 노선은 국민당뿐 아니라 중국 본토에서도 큰 반발을 샀다. '누구의 중국이냐.' 하는 차이만 있을 뿐 국민당이나 공산당이나 대만은 중국의 일부라고 생각하기 때문이다. 지금도 대만 내부에서는 '대만 독립이냐 중국과의 통일이냐.' 하는 두 노선을 놓고 팽팽한 대립이 이어지고 있다. 2004년 총선에서는 천수이볜 총통이 총상을 입는 일이 벌어져 중국과 대만은 물론 전 세계의 촉각을 곤두서게 했다. 이 사건이 동정표를 노린 민진당 측의 자작극이라는 의혹도 제기되었다. 이처럼 본토 수복을 향한 중화민국의 꿈은 안팎으로 커다란 시련에 부딪혀 왔다.

올림픽에서 대만 대표 선수들이 'Chinese Taipei'라는 이름으로 입장하는 모습에서도 알 수 있듯이, 국제사회에서 대만이 중국의 일부라는 것은 이미 결론이 난 문제다. 그러나 대만 국민 일부와 민진당 등 정치 세력은 여전히 대만 독립을 외치고 있다. 그런 모습을 보면, 모든 나라의 문제는 결국 국제정치 같은 외적 요인보다는 그 나라에서 살아가는 사람들의 손에 의해 결정된다는 사실을 새삼 깨닫게 된다.

노르웨이

에스토니아

라트비아
리투아니아
벨로루시
러시아

독일 폴란드
체코 슬로바키아
우크라이나
카자흐스탄
몽골
만주(중국의 둥베이)

프랑스 스위스
헝가리
루마니아

영국
네덜란드
벨기에

이탈리아
불가리아
우즈베키스탄
키르기스스탄
대한민국

스파냐
그리스
터키
투르크메니스탄
타지키스탄
중국

튀니지
시리아
레바논
이스라엘
요단
이라크
이란
아프가니스탄
대만

알제리
리비아
이집트
사우디아라비아
오만
파키스탄
네팔
미얀마
라오스

말리
니제르
차드
수단
예멘
아랍에미리트
인도
타이
베트남
필리핀
캄보디아

부르키나파소
베냉
나이지리아
지부티
에티오피아
브루나이

가나
토고
중앙아프리카
공화국
우간다
케냐
소말리아
말레이시아
싱가포르

적도기니
콩고
공화국
콩고민주공화국
탄자니아
인도네시아

루안다

앙골라
잠비아
말라위
마다가스카르

나미비아
짐바브웨
보츠와나
오스트레일리
모잠비크
스와질란드
레소토

만주의 서고성 내부.

우리는 중국인 하면 '八' 자 수염을 기르고 변발한 '왕 서방'을 떠올린다. 또 긴 옆트임이 들어간 원피스 차림의 요염한 여인을 연상하기도 한다. 그런데 우리 뇌리에 심어져 있는 이러한 중국인의 모습은 사실 만주족에서 비롯된 것이다. 소수민족으로 시작해 중국 대륙 전체를 통일하고 청나라를 세웠지만, 다시금 역사의 뒤안길로 숨어 버린 만주족. 중국의 마지막 제국을 이끈 만주족의 삶과 그들의 터전, 만주에 대해 살펴보자.

만저우에서 둥베이로

한반도 북쪽으로 넓게 펼쳐져 있는 평원 지대, 만주滿洲. 중국식으로 발음하면 '만저우'인 이곳에는 헤이룽장黑龍江 성, 랴오닝遼寧 성, 지린吉林 성 등 중국의 세 지방 행정구역이 자리 잡고 있고, 한반도의 여섯 배나 되는 123만km²의 땅에 1억 명이 훨씬 넘는 사람들이 살고 있다. 예전에 우리 조상이 살던 곳이고 지금도 우리 동포인 조선족이 자치주를 형성해 살아가고 있어 그리 낯설지 않은 땅이다.

그런데 어찌된 일인지 중국 사람들은 이 3성省을 아울러 '둥베이東

1931년 만주를 침략한 관동군.

北'라고 부르고 있다. 만저우라는 이름이 있는데도 '중국의 동북 지역'이라 부르는 이유는, 이 이름이 중국 소수민족인 만주족_{중국에서는 만족}에서 왔기 때문이다. 한때 중국 대륙을 정복하여 청_{淸, 1644~1912}을 세운 사람들이지만, 중국의 주류 세력인 한족을 밀어냈으니 그들이 좋아할 리 있으랴. 그 뒤 200여 년의 역사를 자랑하던 청나라가 망하자, 만주족은 그들의 언어와 문화를 대부분 잃었고, 만주라는 지명 역시 온전히 남아 있을 수 없었다.

만주라는 지명이 사라지게 된 이유는 또 있다. 1932년 일본이 중국 침략의 발판으로 이곳에 '만주국'이라는 꼭두각시 정부를 세웠기 때문이다. 사건은 중국 사람들에게 아픈 기억으로 남아 있었고, 그들은 이 기억을 지우기 위해 만주라는 지명을 없애 버렸다. 이처럼 여러 나라, 여러 민족이 그 나름의 추억과 사연을 가지고 있는 만주는 역사 속에서 어떤 길을 걸었을까.

만 주 를 두 고 벌 이 는 팽 팽 한 줄 다 리 기

고려_{913~1392} 성종 12년인 993년, 거란이 고려를 침략했다. 거란의 거센 공격에 밀리던 고려 조정에서는 평양 북쪽 영토를 떼어 주고 강화조약을 맺어 평화로운 상태로 되돌아가자는 주장도 나왔다. 그러자 고려 문신 서희_{942~998}가 여기에 반대하여 거란군 진영으로 들어갔다. 그리고는 적장 소손녕_{?~?}과 담판을 벌이기 시작했다.

거란과 협상을 하고 있는 고려 문신 서희.

소손녕은 거란이 고구려 땅 대부분을 다스리고 있으니, 고려 북쪽의 옛 고구려 땅도 내놓으라고 요구했다. 그러자 서희는 '고려'라는 이름에서도 알 수 있듯이 고구려를 계승한 나라는 고려라고 반박했다. 오랜 공방 끝에 결국 소손녕은 서희의 주장을 받아들이고 철수했다.

고구려는 '고려'라고도 불렸고 왕건877~943도 그 이름을 물려받아 나라를 세웠다. 이전에 대조영?~719이 세운 발해698~926도 고구려의 후예를 표방하며 국호를 '고려'라 했다. 마찬가지로 거란 역시 고려를 침공한 명분을 자신들이 고구려 땅을 차지하고 있는 데서 찾았다.

이처럼 만주를 무대로 일어난 나라들이 한결같이 고구려를 계승하려 했던 까닭은 무엇일까? 그것은 고구려가 동북아시아의 패자霸者로서 강한 이미지를 남겼기 때문이다. 고구려는 압록강 북쪽에서 일어나 만주 일대와 한반도 북부를 아우르는 나라를 건설했고, 5세기 광개토대왕375~413과 장수왕394~491 때에는 스스로를 '천하의 중심'이라 여겼다. 고구려 사람들은 이 세상이 중국과 내륙아시아, 그리고 고구려가 속한 동북아시아의 세 천하로 이루어져 있다고 생각했다. 그 가운데 동북아시아의 중심은 고구려라고 여겼던 것이다.

만주를 배경으로 일어났거나 만주를 차지했던 나라들은 대개 중국으로 진출하려는 경향을 보였지만, 고구려는 달랐다. 고구려는 농업 국가를 약

고구려 광개토대왕릉비.

탈하거나 정복하는 유목국가가 아니라, 그 자신이 농업에 기반을 둔 문명국가였다. 따라서 고구려는 만주와 한반도의 평야 지대에서 번영을 누리고 중국의 침략에만 맞섰을 뿐, 만주를 기반으로 중국을 넘볼 생각은 하지 않았다. 이것은 고구려에 이어 만주를 차지한 발해도 마찬가지였다. 그런 면에서 볼 때, 고구려와 발해가 만주의 주인이었던 10세기 초까지가 어쩌면 만주의 전성기였을지도 모른다.

중 국 속 의 만 주

흔히 중국 요리를 '청요리'라고 한다. 청나라 요리라는 뜻이다. 전통 한국인의 모습을 떠올릴 때 치마와 저고리를 입고 쪽을 찐 아낙을 생각하듯, 전통 중국인 하면 길게 옆트임이 있는 치파오旗袍 차림의 요염한 여인이 연상된다. 우리의 뇌리에 심어져 있는 중국인에 대한 이러한 이미지는 사실 만주족의 모습에서 비롯되었다. 주류인 한족을 제치고 만주족을 기억하는 것은 중국 최후의 왕조, 청나라가 바로 이들에 의해 세워진 나라이기 때문이다.

전통 의상을 입고 전통 춤을 추는 만주족 여인들.

만주족은 이름 그대로 만주에서 일어났지만, 고구려나 발해처럼 만주에 정착하고 살아가는 대신 중국 대륙으로 진출하여 중국을 정복하는 길을 택했다. 동북아시아 역사상 중국 전체를 정복한 이민족 국가는 몽골의 원元, 1271~1368에 이어 청이 두 번째였다.

그렇다면 왜 이들에게 만주족이라는 이름이 붙었을까? 여기에는 여러 가지 설이 있는데, 그 중에는 지혜를 담당하는 보살인 문수보살文殊菩薩

의 '문수'가 변해 만주가 되었다는 말도 있다. 불교를 믿었던 만주족은 특히 문수보살을 숭배했는데, 그런 연유로 족장 가운데에는 유독 '문수'라는 이름을 가진 사람이 많았다.

그러나 이들에게 만주족이란 이름만 있는 것은 아니다. 그 이전에는 숙신·읍루·물길·말갈·여진 등 다양한 이름으로 불리며 북만주 일대에서 활약했다. 말갈로 불리던 시절에는 일부가 고구려와 발해로 넘어와 함께 어울리기도 했고, 여진으로 불릴 때는 금金, 1115~1234이라는 강력한 왕조를 세우고 송宋, 960~1277을 압박하기도 했다.

이렇듯 만주족은 오랜 세월 동안 만주를 본거지로 생활해 왔다. 그러나 막상 거대한 제국을 세우면서부터는 물산物産이 풍부한 중국 땅으로 중심지를 옮겼다. 이것이 만주 땅에서 문명을 일군 고구려나 발해와 다른 점이다. 청나라가 번영하는 동안 만주는 황실의 고향으로 떠받들어지기는 했지만 점차 관심 밖으로 밀려날 수밖에 없었다. 그 뒤 이곳은 정치적·경제적으로 쇠퇴의 길을 걸었고, 만주족은 점차 중국 문화에 흡수되어 그들 고유의 전통과 문화를 잃어 갔다.

만주의
오늘

세 계 속 의 만 주

1911년 신해혁명辛亥革命*이 일어나면서 청나라는 무너졌다. 그러나 다시 재기를 꿈꾸기란 어려웠다. 이미 약해질 대로 약해져 있는데다가 그 당시 만주를 포함한 중국 전역은 밀려드는 서구 열강에 이리 찢기고 저리 찢겨 만신창이가 되었기 때문이다. 결국 고구려와 발해가 훌륭한 문명국가를 일으켜 세웠던 만주가 정작 그 땅의 주인인 만주족

---

* 신해혁명(辛亥革命) 중국의 민주주의 혁명. 이 혁명으로 청나라가 멸망함으로써 2,000년간 계속된 전제정치가 끝나고, 중화민국이 탄생해 새로운 정치체제인 공화정치의 기초가 이루어졌다.

일본의 남만주철도주식회사가 철로 확장공사를 벌이는 모습(왼쪽)과 1940년 전후 만주 국경지역에서 경계를 서고 있는 일본군인들.

에 의해 버림받은 것이다.

그런데 이런 상황에서 만주족의 나라가 부활하는 희한한 일이 벌어졌다. 1932년 3월 1일, 청의 마지막 황제 푸이溥儀, 1906~1967를 집정자로 한 '만주국'이 만주 땅 신징新京에 세워진 것이다. 같은 해 9월 일본이 가장 먼저 이 나라를 승인했고, 독일·이탈리아 등이 그 뒤를 이었다. 그러나 이것은 중국 정복을 꾀하는 일본이 각본을 짠 사기극이었다. 만주족의 실제 주인은 일본이었고, 일본은 이 괴뢰정부*를 기지로 삼아 중국 침략에 박차를 가했다. 이로 인해 중국인은 헤아릴 수 없는 고통을 겪어야 했고, 만주를 근거지로 삼아 항일 투쟁을 벌이던 우리 독립군도 크나큰 타격을 받았다. 오랜 옛날 우리 조상들이 삶의 터전으로 삼고 자랑스러운 문화를 가꾸던 만주가 우리의 독립운동을 좌절시키는 저주의 땅으로 변해 버린 것이다.

그 뒤 1945년 8월, 2차 세계대전 중에 소련이 일본을 공격하면서 만주국은 종말을 고했다. 일본은 고국으로 돌아갔고, 일제 치하에서 만주로 쫓겨 갔던 우리 민족은 그곳에서 조선족이라는 이름으로 남았다. 만주족은 조선족보다도 작은 규모의 소수민족으로 삶을 이어 가고 있다.

역사 속에서 만주를 차지했던 민족이 여럿 있었다는 사실은, 이곳이 그만큼 분쟁의 여지가 많음

조선족 소학교 어린이들의 백일장 모습.

* 괴뢰정부(傀儡政府) 다른 나라가 조정하는 대로 움직이는 한 나라의 행정부.

한·중 국제경제기술개발구가 설치될 만주의
하이린시.

을 말해 준다. 그러나 다른 각도에서 살펴본다면 만주는 희망의 땅이
기도 하다. 투쟁의 역사만큼이나 여러 민족이 이곳에서 함께 어울려
살며 아옹다옹했던 추억이 서려 있기 때문이다. 그런 공존의 정신을
되살린다면 함께 만주를 개발해 그 이익을 나눌 수도 있을 것이다. 실
제로 오늘날 중국 둥베이 3성은 이곳의 경제개발에 한국의 참여를 기
대하고 있다. 남·북한이 통일되고 유라시아를 잇는 '아시안 하이웨
이'*가 완공되면 만주의 의미는 더욱 커질 것이다. 다가오는 동북아시
아 시대에 만주는 이전과 같은 갈등이 아닌 화합의 코드가 될 수 있고,
그것만이 만주에 얽힌 여러 민족의 역사적 경험을 올바르게 되살리는
길일 것이다.

* 아시안 하이웨이(Asian Highway) 1961년 국제연합 산하 '아시아태평양경제사회위원회'가 주축이 되어 추진
  하고 있는 국제 자동차 도로망 건설 계획이다. 아시아의 15개국을 잇는 이 도로가 완성되면 아시아와 유럽의 경
  제·문화 교류가 급물살을 탈 것으로 전망된다.

노르웨이

에스토니아

리투아니아

러시아

독일

폴란드

벨로루시

몽골

체코

슬로바키아

우크라이나

카자흐스탄

헝가리

루마니아

이탈리아

불가리아

그리스

터키

우즈베키스탄

키르기스스탄

중국

대한민국

일본

레바논

시리아

투르크메니스탄

타지키스탄

튀니지

이스라엘

요르단

이라크

이란

아프가니스탄

대만

리비아

이집트

사우디아라비아

파키스탄

네팔

오만

아랍에미리트

인도

미얀마

라오스

니제르

차드

수단

예멘

지부티

타이

캄보디아

베트남

필리핀

중앙아프리카공화국

에티오피아

소말리아

브루나이

카메룬

우간다

케냐

말레이시아

싱가포르

적도기니

가봉

콩고공화국

콩고민주공화국

탄자니아

인도네시아

앙골라

잠비아

말라위

마다가스카르

나미비아

보츠와나

모잠비크

오스트레일리아

스와질란드

레소토

남아프리카공화국

내몽고 지역의 사막 풍경.

5

세계 제국과 마지막 유목국가

몽골의 어제와 오늘

북쪽의 러시아와 남쪽의 중국 사이에 위치한 몽골은 아직은 세계의 이목을 끌지 못하는 저개발 국가이다. 그러나 한때는 유럽과 아시아를 호령하던 위대한 나라였다. 1206년, 칭기즈칸이 초원 여기저기에 흩어져 살던 몽골 민족을 하나로 통일하여 세운 몽골제국은 알렉산드로스대왕을 비롯해 세계의 그 어떤 영웅도 이룩하지 못한 세계 최대의 제국이었다.

주 변 세 계 를 호 령 하 던 몽 골

미국의 한 남성이 자신의 몸속에 흑인의 피가 얼마나 흐르는지 검사한 일이 있었다. 유전자 감식 결과 그에게는 아프리카계의 흑인 유전자가 전혀 없었다. 오십 평생 흑인으로 살았고 갖은 인종적 핍박을 견뎌야 했던 그에게 그 사실은 분명 큰 충격으로 다가왔을 것이다. 우리는 그 남자와 마찬가지로 '피부색은 인종을 구분하는 일반적인 잣대 가운데 하나'라고 알고 있다. 흔히 검은 피부의 흑인들은 니그로이드계, 황색 피부로 대표되는 아시아인들은 몽골로이드계, 하얀 피부의

몽골의 유목민과 말들을 그린 옛 그림.

북유럽 사람들은 코카소이드계로 분류된다.

그중 우리가 포함되어 있는 몽골로이드계는 이름에서 알 수 있듯이 몽골인을 대표 격으로 꼽는다. 지리적으로 한반도에 인접해 있는 몽골 사람들은 외모가 우리와 매우 흡사하다. 몽골인과 우리는 소아시아에서 시베리아를 거쳐 중국 동북부, 사할린에 이르는 지역에 분포하는 알타이어족에 속하고, 크고 작은 다툼 속에서도 세계사의 한 끈을 놓지 않은 채 오늘날까지 서로 관계를 맺고 있다. 알고 보면 몽골은 우리에게 꽤 가까운 나라인 셈이다.

그러나 농경 정착민이었던 우리와 달리 몽골인은 기마민족으로 유목 생활을 해 왔다. 몽골제국을 건설한 칭기즈칸Chingiz Khan, 1155?~1227이 기마병을 이끌고 유라시아 대륙을 휘젓고 다니는 장면은 세계사에서 가장 휘황찬란한 모습 중 하나로 기록되어 있다. 이처럼 세계를 무대로 살았던 그들의 유목 문화는 오늘날까지도 남아 있다. 수도인 울란바토르만 살펴보더라도 인구의 30%는 여전히 전통 유목민 가옥인 유르트yurt에 터전을 잡고 있으니 말이다.

여기까지가 우리가 알고 있는 몽골이다. 지리적으로 가깝고 역사적으로 공유하는 부분이 많긴 하지만, 그렇다고 우리가 몽골에 대해 깊이 이해하고 있다고 말하기는 어렵다. 구소련의 뒤를 이어 세계에서 두 번째로 사회주의 국가로 변신한 나라가 바로 몽골이라는 사실을 아는 사람은 그리 많지 않을 것이다. 인류가 영위해 온 생활양식 가운데 가장 원초적인 삶이라 할 수 있는 유목 생활을 하던 사람들. 그들이 현대에 들어서면서 선택한 생활양식이 사회주의였다는 사실은 흥미롭기까지 하다. 그 뒤 이 나라는 1992년에 이르자 다시 자본주의 사회로 전환하기 시작했다.

거 칠 것 없 이 달 리 는 기 마 민 족

국내 휴대전화 업체들은 몽골에 적극적으로 진출해 왔다. 그런데 몽골은 한반도의 7배나 되는 156만 4,160km²의 넓은 땅에 인구라고는 250만 명에 지나지 않는다. 이렇게 인구가 적은 나라에 왜 휴대전화 업체들이 관심을 보일까? 언뜻 의아하게 여겨지지만 조금만 깊이 생각하면 그 해답은 쉽게 찾을 수 있다.

몽골의 대평원에 일일이 유선전화 케이블을 깔아서 여태껏 여기저기 흩어져 살아가던 사람들을 연결하는 일은 생각만큼 쉽지가 않다. 차라리 최신형 휴대전화를 그들에게 안기고 무선 기지국을 곳곳에 세우는 편이 비용 면에서 효과적이다. 몽골 사람들도 그러기를 원한다. 그것은 이 나라의 넓은 국토와 낮은 인구 밀도 때문만은 아니다. 오래전부터 떠돌이 유목 생활을 하는 사람들에게 한곳에 진득하니 앉아 전화를 받으라고 하는 것은 오히려 고문이다. 차라리 전화가 없으면 없었지 정착해서 사는 삶을 택할 사람은 그리 많지 않을 듯하다.

몽골의 천막집과 귀부인의 모습.

농경을 시작하기 전, 인류는 이곳저곳 거처를 옮겨 다니며 사냥과 채집으로 생계를 이어 갔다. 그 뒤 신석기시대로 접어들면서 인류는 4대 문명 발상지를 중심으로 농경을 시작했고, 주기적으로 식량이 공급되자 한곳에 정착할 수 있게 되었다. '농경'은 식물의 생장을 통제·관리하여 주기적으로 일정한 식량을 얻는 생산방식이다. 인류는 그 과정에서 가축의 도움을 받게 되었다. 그러다 보니 농경 생활을 하려면 가축을 키울 만한 여건이 마련되어야 했다.

그러나 문명의 변방인 북아시아 초원 지대에 사는 몽골이나 흉노, 여진 등의 민족은 농경은커녕 소나 말의 생장을 관리할 수 있는 일정한 목초지조차 확보하기 어려웠다. 그러니 그들은 가축을 이끌고 이리저리 옮겨 다니는 유목 생활을 선택할 수밖에 없었다. 이것은 가축을 기른다는 점에서 본다면 선사시대의 사냥과 채집보다는 한 걸음 나아간 것이었으나, 이동 생활을 한다는 점에서는 선사시대 인류와 크게 다를 바 없는 생활양식이었다.

이처럼 몽골족은 문명 세계의 한 귀퉁이에서 낮은 생산력에 기대어 살아가던 유목민이었다. 그러나 역사를 살펴보면 이들은 주기적으로 일어나 강력한 제국을 건설했다. 이 과정에는 거의 예외 없이 선진 농업 문명을 파괴하는 일이 빠지지 않았다. 무자비한 무력으로 문명 세계의 중심부와 유목 세계인 주변부의 구별을 없애 버리곤 했는데, 그 대표적인 인물이 바로 칭기즈칸이다.

칭기즈칸이 1206년 몽골 초원을 통일하고 몽골족의 통치자인 칸Khan의 지위에 오르기 전까지만 해도 몽골인은 여러 부족으로 나뉜 채 다른 유목민의 지배를 받고 있었다. 그러나 "말 위에서 태어나 말 위에서 죽는다."고 할 정도로 타고난 기마술과 뛰어난 기동력을 갖추고 있던 몽골 전사들은 일단 통일의 과업을 이루자 거칠 것 없는 기세로 이웃 부족과 나라들을 정복해 나갔다. 그리하여 유라시아에서 국경을 없애 버리고, 중국과 이슬람 세계, 동유럽의 문명국가들을 하나로 아울렀으며, 그 방대한 영토

칭기즈칸과 그의 가족들.

러시아 원정에 나서 도시를 공략하는 몽골군.

의 각 부분을 긴밀하게 연결하는 네트워크를 형성했다.

그렇다면 초라하고 힘없던 몽골 유목민이 이토록 강력한 제국을 건설하고 유지할 수 있었던 저력은 어디에서 나왔을까? 그것은 유목민 특유의 강인한 생명력과 긴밀한 조직력, 사냥으로 다져진 뛰어난 전투력 덕분이었다. 그리고 일단 세계 제국을 건설한 다음에는 빠르고 날쌘 기동력을 앞세워 동서 문물이 오가는 교역로를 효과적으로 연결하여 제국의 번영을 꾀했다.

몽골의
오늘

주변 세계로부터 호령받는 몽골

사람들은 흔히 우리 민족을 중국 주변에서 흥망성쇠를 거듭한 여러 민족 가운데 중국에 흡수되지 않은 유일한 나라라고 말한다. 한때 중국을 호령하며 제국을 건설했던 만주족이나 거란족은 이미 소멸했거나 중국 내 소수민족으로 전락해 명맥만 유지하고 있다. 그러나 몽골족이 두 눈 시퍼렇게 뜨고 독립국가를 이루고 있는 오늘날, 동아시아에 한·중·일 세 나라밖에 없는 것처럼 이야기하는 것은 너무 근시안적이다. 우리는 이 시점에서 아시아의 다양한 구성에 대해 눈을 크게 뜨고 바라볼 필요가 있다.

몽골족이 세운 원나라가 명나라의 손에 멸망하자, 대다수의 몽골 사람들은 원래 그들의 고향인 초원에서 그들 본래의 삶을 꾸려 갔다. 그러다가 17세기 만주족이 중국을 정복하고 청나라를 세우자 몽골 사람들은 이 나라에 종속되었다. 이때 몽골은 둘로 나뉘어 청나라와 가까운 남쪽은 내몽골, 바깥쪽은 외몽골로 불리게 되었다. 중국 땅과 가까운 내몽골에는 일찍부터 중국인의 이주가 잦았고, 그리하여 18세기 말

울란바토르 외곽에 있는 몽골의 전통 가옥촌.

에는 중국인의 수가 몽골인의 수를 넘어섰다.

이처럼 내몽골은 중국에 편입되는 길을 걸었지만 외몽골은 독자 노선을 고집했다. 1911년 중국에서 신해혁명이 일어나자 러시아의 지원을 받은 우르라는 인물이 그해 12월 지금의 울란바토르에서 혁명을 일으켜 독립을 선언했다. 그러나 중국의 강력한 반대에 부딪혀 독립국가로 인정받지 못하고 겨우 자치권만 얻을 수 있었다. 그나마 1917년 소련에서 사회주의 혁명이 일어나자 중국 정부는 자치권 허용을 철회해 버렸다.

그러자 몽골의 하급 관료와 지식인들은 민족 해방을 꿈꾸며 몽골 인민혁명당을 결성해 중국의 억압에 맞섰다. 그리하여 1921년 '외몽골'은 소련의 도움을 받아 중국 세력을 몰아내기에 이르렀다. 나아가 1924년에는 몽골인민공화국이라는 독립국가를 출범시켰다. 1946년에는 국민투표를 실시해 몽골 국민의 독립 의지를 안팎에 확인시킨 다음, 중국에서 정식으로 분리했다. 그리고 모든 나라로부터 인정받는 독립국가를 형성했다.

한편 내몽골에서도 자치를 원하는 목소리가 높아져 1947년에는 중국의 현대 역사상 첫 번째 소수민족 자치구인 '네이멍구자치구' *를 출범시켰다. 1949년 중국이 사회주의 국가로 변해가자 내몽골 역시

* 네이멍구자치구 중국 북부, 몽골고원 동부를 차지하는 자치구. 농업, 목축업이 중심을 이루며, 임산자원이 풍부하다. 내몽골자치구.

몽골인민혁명당의 내각 사퇴 선언을 비난하는 시위대의 모습(2006년).

외몽골과 마찬가지로 사회주의 노선을 따르게 되었다. 하지만 이미 오래전부터 서로 다른 길을 걸었던 두 몽골은 쉽게 합치지 못하고 여전히 평행선을 달려왔다. 그러한 탓에 오늘날 외몽골에 해당하는 몽골공화국 사람들은 네이멍구자치구 사람들을 동족으로 보지 않는다. 이름만 몽골인의 자치구지, 그 안에 사는 사람들은 90% 이상이 한족이기 때문이다.

1991년 소련이 붕괴하자 몽골공화국도 서서히 사회주의 색채를 벗기 시작했다. 반면 네이멍구자치구는 여전히 사회주의를 표방하는 중국의 일부로 남아 있다. 1949년 이전과 비교하면 체제가 서로 뒤바뀐 셈이다. 이처럼 외세의 영향을 강하게 받아 온 몽골인의 현대사는 대부분의 아시아 민족들이 그렇듯 우리와도 많이 닮았다.

유목 풍습을 그대로 간직한 몽골 땅에서 휴대전화가 무척 요긴하게 쓰이는 것에서 알 수 있듯이, 현대의 디지털 문화를 새로운 유목 문화라고 말하는 사람들도 있다. 몽골 사람들이 현대로 들어오는 길목에서 다소 머뭇거린 것은 사실이다. 하지만 앞으로 새롭게 펼쳐질 '신유목 문명 시대'에는 칭기즈칸의 화려한 과거가 몽골에서 새로운 방식으로 재현될 수도 있을 것이다.

노르웨이
에스토니아
라트비아
리투아니아
벨로루시
러시아
폴란드
독일
체코
슬로바키아
우크라이나
카자흐스탄
몽골
영국
네덜란드
벨기에
불가리아
헝가리
루마니아
프랑스
스위스
우즈베키스탄
키르기스스탄
어탈리아
터키
투르크메니스탄
타지키스탄
티베트
(중국의 시짱자치구)
중국
대한민국
그리스
레바논
시리아
아프가니스탄
튀니지
이스라엘
이라크
이란
파키스탄
네팔
부탄
대만
요르단
리비아
이집트
사우디아라비아
방글라데시
미얀마
라오스
알제리
오만
아랍에미리트
인도
타이
베트남
필리핀
말리
니제르
차드
수단
예멘
캄보디아
부르키나파소
베냉
지부티
브루나이
가나
나이지리아
에티오피아
말레이시아
싱가포르
토고
카메룬
중앙아프리카
공화국
우간다
케냐
소말리아
적도기니
가봉
콩고
공화국
콩고민주공화국
탄자니아
인도네시아
앙골라
잠비아
말라위
마다가스카르
나미비아
짐바브웨
모잠비크
오스트레일리아
보츠와나
스와질란드
레소토

중국 칭하이 성의 시닝에서 티베트 수도 라싸를 잇는 칭짱철도.

6

제국의 정신적 중심에서 변방으로

티베트의 어제와 오늘

오늘날 지구상에 티베트라는 나라는 없다. 중국이라는 거대한 나라의 한 '자치구'가 옛 티베트의 주민과 문화를 안고 있는데, 그 이름도 '티베트자치구'가 아니라 '시짱西藏자치구'이다. 그러나 세상의 많은 나라들이 이곳을 티베트라고 부르고, 하나의 나라인 것처럼 생각한다. 시짱자치구와 티베트 사이에 무슨 일이 있었을까?

중 국 화 폐 에 등 장 하 는 티 베 트 의 궁 전

티베트는 불교의 종파 가운데 하나인 라마교의 땅으로 종종 기억된다. 7세기 무렵 인도에서 전래된 불교는 티베트의 민속·풍토와 하나되면서 점차 이 지역 깊숙이 파고들었다. 우리가 라마교라고 부르는 것은 바로 티베트화된 불교를 가리킨다. 1642년에는 티베트 불교의 최고 지도자인 달라이 라마 5세[1617~1682]*가 티베트를 통일하고 티베트

---

* **달라이 라마 5세** 티베트 불교의 가장 대표적 종파인 겔루크 파(黃帽派)의 우두머리인 법왕(法王)으로, 달라이 라마 5세는 가완 로잔 감초를 가리킨다.

왕국의 왕이 되었다. 이로써 정교政敎일치를 이룩한 셈이다. 티베트 사람들은 수도 라싸拉薩에 포탈라라는 궁전을 짓는다. 이 포탈라는 관세음보살*이 거주하는 땅인 '보타락'에서 따온 말이다.

이 궁전은 오늘날 중국의 50위안元짜리 지폐 뒷면에도 등장한다. 화폐 도안은 그 나라의 문화와 역사에서 소재를 따오는 법인데, 독자적인 전통을 이어 온 티베트의 문화유산이 중국 화폐에 담겨 있는 까닭은 무엇일까? 그것은 오늘날 티베트가 더 이상 독립국이 아니라 중국의 일부라는 사실을 나라 안팎에 분명히 보여 주기 위해서일 것이다. 주변 국가들 위에 정신적으로 군림하던 고대 불교 왕국 티베트와 중국의 한 지역으로 편입된 오늘날의 티베트. 그 숨겨진 역사 속으로 들어가 보자.

제국의 정신을 지배한 티베트 불교

달라이 라마라는 칭호가 역사에 처음 등장한 것은 1578년의 일이다. 당시 티베트 불교의 지도자였던 소남 걈초1543~1588는 티베트 불교를 신봉하는 몽골을 방문했다. 비록 몽골족이 명나라를 세운 한족에게 쫓겨 초원으로 물러나 있었지만 그 세력은 여전히 막강했다. 바로 이때 몽골의 지도자인 알탄칸阿勒坦汗, 1507~1582은 소남 걈초에게 달라이 라마라는 칭호를 내려 주었다.

여기서 '달라이'란 '큰 바다'를 뜻하는 몽골어로, 이에 해당하는 티베트어가 바로 '걈초'다. 그리고 '라마'는 티베트어로 '무상無上의 스승', 곧 '최고 스승'을 의미한다. 티베트 불교를 라마교라 부르는 것

티베트 보살상.
ⓒ김귤종

---

*관세음보살 '모든 곳을 살피는 분', '세상의 주인'이라는 뜻으로, 괴로울 때 중생이 그의 이름을 외면 큰 자비를 내리고, 번뇌에서 벗어나게 해 준다고 한다.

티베트 중심 도시 라싸 전경.

도 바로 여기에서 기원을 찾을 수 있다.* 그러니까 알탄칸이 내린 달라이 라마라는 칭호에는 '큰 바다처럼 넓고 큰 덕을 지닌 고승高僧'이라는 의미가 담겨 있었다. 그 뒤 티베트 불교의 지도자는 으레 달라이 라마로 불렸고, 그 역사는 오늘에까지 이르고 있다.

그런데 티베트가 그 옛날 몽골 사람에게서 받은 칭호에 큰 의미를 두는 이유는 무엇일까? 사연은 12세기 무렵의 원나라 때로 거슬러 올라간다. 그 당시 원나라를 세운 몽골 사람들이 전 세계로 세력을 확장하면서 티베트도 그 세력권 안에 들게 되었다. 토번吐藩이라 불리던 티베트는 8세기까지만 해도 당나라와 엇비슷한 세력을 과시하던 강대국이었으나, 불교적 이상을 추구하는 데 치중한 나머지 국가 운영에 실패하고 분열되는 일이 계속되었다. 이러한 혼란을 틈타 원나라는 티베트를 침공해 속국으로 만들었지만, 정신적으로는 티베트 불교의 지배를 받게 되었다. 원나라 황실은 티베트 불교를 받아들였고 그 지도자들을 스승으로 모셨다. 세종대왕1397~1450이 한글을 창제할 때 참조했다

---

* 일반적으로 서양에서는 티베트 불교를 '정신적 스승'을 지칭하는 라마가 주축이 된 종교라는 뜻에서 라마교라고도 부른다. 하지만 이것은 정확한 명칭이 아니다.

는 티베트 고문자는 파스파^{Phags-pa, 1235~1280}라는 승려가 만들었는데, 그는 원나라 황제의 정신적 스승이었다. 이처럼 티베트는 정치적으로는 불우한 시절을 보냈어도 티베트 불교의 정신적 깊이는 여전히 주변 세력을 압도하는 힘으로 작용하고 있었다. 그러니 티베트의 '최고 스승'에 대한 세상 사람들의 존경심은 갈수록 깊어질 수밖에 없었을 것이다.

강대국들의 완충지대, 티베트

달라이 라마가 지금은 정치적 영향력을 잃어버렸지만, 16세기까지만 해도 티베트를 지배하는 종교적·정치적 지도자였다. 그러다 17세기에 명나라가 멸망하고 만주족의 청나라가 중국을 장악하자 티베트는 청나라의 영향력 아래 들어갔다. 청나라는 티베트의 역대 정권을 좌지우지하면서 마음에 들지 않으면 지도자를 바꾸는 일까지 서슴지 않았다.

'반중' 구호를 외치고 있는 티베트 승려.

그런데 18세기 후반 들어 티베트에 관심을 보이는 새로운 강대국이 등장했다. 바로 티베트의 이웃인 인도를 지배하고 있던 영국이었다. 영국은 식민지 인도를 지키기 위해 티베트, 인도양, 아프가니스탄이라는 3개의 완충지대를 구상했다. 인도양은 '영국의 호수'로, 아프가니스탄은 러시아의 남하를 막아 주는 완충지대로, 티베트는 중국의 위협을 흡수하는 완충지대로 삼으려 했던 것이다.

이때부터 영국과 청나라 사이에는 티베트를 둘러싼 치열한 신경전이 벌어졌다. 영국은 티베트를 개방시켜 그곳에 자신의 세력을 심으려 했으나 자존심 강한 티베트인들은 강력하게 저항했다. 그 결과 신식 무기로 무장한 영국군과 정규군이라고는 1,000명도 안 되는 티베트군 사이에 두 차례의 전쟁이 벌어졌다.

'다윗과 골리앗'의 싸움이라 할 수 있는 이 전쟁에서 승리의 깃발을 잡은 쪽은 당연히 영국이었다. 티베트는 티베트 불교의 순수성이 훼손되는 것을 감수하면서 어쩔 수 없이 몇몇 지역을 개방해야 했다. 청나라 역시 영국의 의도에 맞서 티베트를 차지하려는 욕심을 버리지 않았다. 티베트는 양대 강국의 간섭을 물리치고 확고한 독립국가를 건설하려는 의지를 다졌지만, 그럴수록 청나라는 더욱더 정치적·군사적으로 티베트의 숨통을 조여 왔다.

1911년에 신해혁명이 일어나 청나라가 망하고 중화민국이 수립되자 티베트 사람들은 다시 한 번 독립에 대한 희망을 품었다. 그들은 격렬하게 독립운동을 벌였고 중국은 티베트의 영유권을 내세워 이를 탄압했다. 티베트와 중국 사이에 세 차례의 전쟁이 벌어지는 동안 영국은 중국을 견제하기 위해 티베트 편을 들었고, 티베트도 그런 영국에 기댈 수밖에 없었다. 하지만 그렇다고 영국이 드러내 놓고 티베트의 완전 독립을 지지한 것도 아니었다. 영국에게 티베트는 단지 완충지대였을 뿐이다.

티베트의
오늘

중국의 변방으로 내몰린 티베트

2003년 9월 초 달라이 라마 14세[1935~]는 9·11 테러 발생 2주년 기념식에 참석하기 위해 미국을 방문했다. 그는 미국 의회에서 연설했고, 부시[G. W. Bush, 1946~] 대통령을 비롯한 여러 정치인을 만나 티베트 문제에 대해 논의하는 기회도 가졌다. 그는 선조 달라이 라마와 마찬가지로 티베트 불교의 최고 지도자였지만, 더 이상 티베트를 통치하는 권력자는 아니었다. 1951년 이래 티베트는 중국 영토로 편입되었으니, 그의 정치적 실권은 이미 사라진 것이나 마찬가지였다.

달라이 라마 14세는 미국뿐 아니라 전 세계를 돌며 티베트의 독립에 대한 국제적 지지를 이끌어 내려고 노력했고 그 덕분에 노벨 평화상을 수상하기도 했다. 그러나 그를 초청한 미국은 중국이 티베트인의 인권을 침해하고 있다는 문제를 제기하면서도 티베트가 중국의 일부

티베트의 대표적인 상징물인 포탈라 궁.

라는 점은 부인하지 않았다. 한국 정부 역시 지난 2000년 중국과의 관계를 의식해 달라이 라마의 방한訪韓 요청을 끝내 허락하지 않았다.

달라이 라마의 노력에도 불구하고 한반도의 6배나 되는 티베트는 점점 중국 문화에 흡수되어 가고 있고, 불교 왕국 티베트의 상징이던 포탈라 궁 앞에는 중국 국기인 오성홍기五星紅旗가 나부끼고 있다. 한때 6,000여 곳에 이르던 티베트 불교 사원은 문화대혁명*을 거치면서 10개가 채 남지 않을 정도로 사라져 버렸다.

1949년 공산 정권을 수립한 중국은 티베트에 대한 영유권을 주장하면서, 1951년 인민군을 진주시켜 공식적으로 이곳을 중국 영토로 편입했다. 달라이 라마 14세는 처음에 마오쩌둥, 저우언라이周恩來, 1898~1976 등 공산당 지도자들과 대화로 독립 문제를 해결하려 했으나 성사되지 않았다. 그러자 1959년 티베트의 독립을 요구하는 티베트인들의 주도로 중국과 인도 국경 일대에 조그마한 망명정부가 세워졌다.

한편 중국은 티베트 지역이 '시짱자치구'*에 편입된 1965년 이래

＊**문화대혁명** 마오쩌둥(毛澤東, 1893~1976)의 주도 아래 1966년 가을부터 10년간 중국 사회를 크게 뒤흔들었던 정치적·사회적 혁명. 이 사건은 극단적 사회혁명 운동으로서 세계에 큰 충격을 안겨 주었다.
＊**시짱자치구** 중국에는 소수민족들의 자치구가 모두 5개 있다. 네이멍구(內蒙古)자치구, 닝샤후이족(寧夏回族)자치구, 광시좡족(廣西壯族)자치구, 신장웨이우얼(新疆維吾爾)자치구, 시짱(西藏)자치구가 그것이다.

'티베트'라는 이름을 더 이상 공식 지명으로 인정하지 않고 있다. 달라이 라마의 외교적 노력 덕분에 티베트가 세계인의 관심권에서 사라지지는 않았으나, 과거의 영화를 찾는 일은 점점 더 어려워지고 있다.

우리와 닮은 티베트의 근·현대사

이렇게 강대국들의 틈바구니에서 근대 민족국가를 수립하려는 티베트의 모습은 우리나라의 근대사와 많이 닮았다. 수많은 강대국이 각축을 벌인 끝에 일본이 우리를 식민지로 삼았고, 우리는 남의 손에 의해 1945년 가까스로 해방되었다. 하지만 얼마 못 가 강대국의 의지에 따라 분단이라는 비극을 맞이해야 했다. 근대 티베트의 운명을 결정한 것은 이 지역에 대한 영유권을 주장하는 중국과 이 지역을 중국에 대한 견제 수단으로 삼은 영국 사이의 신경전이었다. 결국 티베트는 두 마리의 거대한 고래 싸움에 등이 터져 버린 새우 꼴이었던 셈이다.

성격은 조금씩 다를지 모르지만 티베트를 둘러싼 이러한 대립 구

부시 미국 대통령과 만나는
달라이 라마 14세.

도는 지금도 여전하다. 미국은 중국에 티베트의 인권 문제를 제기하면서도 티베트의 분리 독립에는 동의하지 않았다. 그러한 태도는 과거 영국이 티베트 문제에 대해 보여 준 것과 근본적으로 다르지 않다.

우리 근현대사를 돌이켜보면 주변 강대국들의 의도만큼이나 우리 국민의 의지도 나라의 운명에 많은 영향을 주었다. 그처럼 티베트의 미래 역시 궁극적으로는 티베트 사람들 자신의 선택에 따라 달라질 수 있을 것이다.

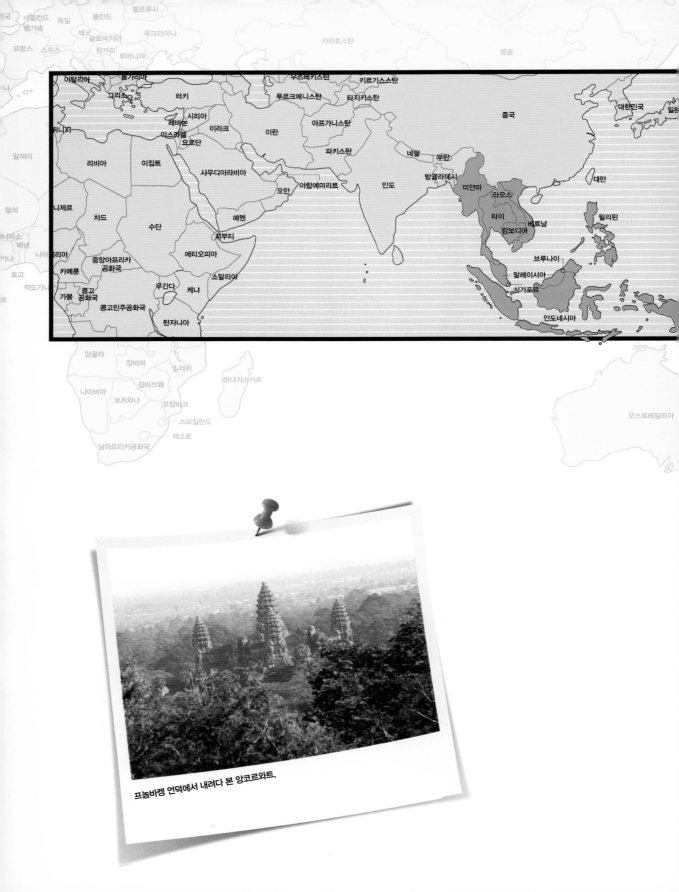

프놈바켕 언덕에서 내려다 본 앙코르와트.

7 앙코르와트와 킬링필드

동남아시아의 어제와 오늘

동남아시아는 크게 인도차이나반도와 인도양의 섬나라들로 구분된다. 인도차이나반도는 이름 그대로 인도와 중국^{차이나}의 교차로이다. 이 지역에서 가장 먼저 문명국가를 시작한 사람들은 오늘날 캄보디아에 살고 있는 크메르족이다. 캄보디아 국기 한가운데 그려져 있는 사원은 이 나라가 자랑해 마지않는 위대한 중세 왕조의 상징 앙코르와트. 인류의 10대 문화유산 가운데 하나인 앙코르와트의 영광을 기억하는 캄보디아는, 그러나 현대 인류의 최대 비극 가운데 하나인 '킬링필드'의 좌절도 함께 기억하고 있다.

중 세 동 남 아 시 아 의 영 광 앙 코 르

서기 1세기경 카운디냐라는 영웅이 수많은 배를 이끌고 지금의 캄보디아로 들어왔다. 그는 캄보디아에 살던 나가족의 공주와 결혼하여 동남아시아 최초의 문명국가라는 부남^{扶南 2~7세기 사이에 인도차이나 반도 남동쪽에 있었던 나라}을 세웠다. 부남은 산을 뜻하는 크메르어 프놈의 한자어 표기이다.

이러한 카운디냐 이야기는 어디까지나 신화에 기반을 두고 있다. 그리고 카운디냐가 인도에서 왔는지 말레이반도에서 왔는지도 불확실

앙코르와트 사원.

하다. 그러나 분명한 것은 늦어도 서기 2세기부터 부남 왕국에 관한 역사 기록이 등장한다는 사실이다. 또 한 가지 분명한 것은 부남의 건국자가 인도 출신이든 아니든 이후 캄보디아 지역에는 힌두교가 대표하는 인도 문화가 널리 퍼졌다는 사실이다. '힌두'는 인도의 다른 발음이다.

서기 1, 2세기라면 한반도에서도 삼국을 비롯한 고대국가들이 자리를 잡아가던 시기다. 그러니까 부남은 동남아시아가 우리나라보다 그리 뒤떨어지지 않은 문명의 역사를 가지고 있다는 명백한 증거다. 게다가 이 부남이라는 왕조는 600년 이상 인도차이나반도에 군림하며 고대 동남아시아 문명의 수준을 끌어올리고 있었다.

중국이 당나라라는 통일 제국 아래 중세로 접어들던 7세기 초에는 진랍이라는 나라가 부남을 제압하고 캄보디아를 다스렸다. 진랍도 시바라는 힌두교의 신을 숭배하면서 부남에 이어 인도 문화를 창조적으로 계승하고 발전시켰다. 그러다가 8세기 들어 육지 쪽의 육진랍과 바다 쪽의 수진랍으로 분열된 뒤 자바 왕국 지금의 인도네시아의 지배를 받게 되었다.

앙코르와트 탑문에 새겨진 용의 신 나가 상 (왼쪽)과 바욘 사원의 관음보살상.

이러한 자바의 지배를 청산하고 크메르인의 독립을 회복한 중세 왕조가 앙코르와트의 주인공인 앙코르^{Angkor} 왕조였다. 그것은 우리 역사의 남북국시대^{698~926}에 해당하는 802년, 자야바르만 2세라는 왕이 자바로부터 돌아와 캄보디아의 독립을 선언하면서부터였다. 이 위대한 중세 왕조는 인류의 소중한 문화유산을 건설하면서 우리의 조선 시대 초기에 해당하는 1432년까지 무려 600여 년간이나 지속되었다.

앙코르 왕조가 아유타야^{Ayutthaya} 왕조^{지금의 타이}의 침략으로 쇠퇴한 뒤 이 왕조의 유적은 밀림에 묻혀 있었다. 그 유적을 재발견한 사람들은 19세기 후반에 캄보디아를 식민 지배한 프랑스 사람들이었다. 동남아시아를 미개한 지역으로만 여겼던 그들은 앙코르 유적을 '불가사의'라고 표현했다. 그러나 프랑스를 비롯한 서구 사람들이 약탈해 간 1천 여 점의 유물을 놓아두더라도, 앙코르 유적을 자세히 들여다보면 그것이 결코 불가사의한 수수께끼가 아니라는 것을 알 수 있다. 중세 캄보디아의 수준 높은 문화가 그대로 녹아 있는 크메르인의 생활 터전이었다.

앙코르와트 유적군

9세기
초기 도읍지
롤루 유적군: 프레아코 힌두교 사원, 바콩 힌두교 사원, 롤레이 힌두교 사원

10세기
앙코르 도읍 건설기
프놈바켕 도성, 동바라이 호수와 동메본 사원, 프레룹 장례터, 반테이스레이 성

12세기
앙코르 도읍 확장기
바푸온 힌두교 사원, 서바라이 호수와 서메본 사원

12세기 초
앙코르 전성기 1
반테이삼레 성, 앙코르와트 힌두교 사원

12세기 말
앙코르 전성기 2
반테이크데이 성, 스라스랑 저수지, 타프롬 불교 사원, 프레아칸 불교 사원, 앙코르톰 도성

앙코르 유적이 건설되기 이전에 세워진 초기 도읍지, 롤루오스_{Roluos} 유적군만 보아도 과학적인 건축 기법과 아름다운 부조 기법에 혀를 내두르게 된다. 10세기 들어 건설되기 시작한 앙코르 도읍지는 둘레 길이가 16km에 이르는 대형 도성이었다. 조선 시대의 왕도인 한양_{둘레 18km}과 맞먹는 대도시를 북위 13°의 열대 지역에 세운 것이다.

12세기 초에 세워진 힌두교 사원 앙코르와트_{Angkor Wat}는 크메르인에게 힌두교 문화와 앙코르 왕조의 역사에 대한 자부심을 북돋아 주었을 것이다. 그리고 몇 십 년 뒤 왕궁 주위에 세워진 '위대한 도성' 앙코르톰_{Angkor Thom}은 수십만 명에 이르는 도성 주민의 다채롭고 호화로운 삶을 지탱해 주었을 것이다. 도성을 동서남북으로 둘러싼 인공호수_{바라이}들은 3모작이 가능한 천혜의 농경지에 마르지 않는 농업용수를 제공했고, 도성 남쪽에 자리 잡은 아시아 최대의 호수_{톤레사프}는 1년에 23만 톤이나 되는 엄청난 물고기를 사람들에게 거저 안겨주다시피 했다.

위대한 앙코르 왕조는 중국으로부터 독립한 대월국_{지금의 베트남}과 경쟁하느라 힘이 빠지고 말았다. 그러더니 끝내 타이의 침략에 밀려 앙코르를 포기한 채 남쪽의 프놈펜^{지금의 캄보디아 수도}으로 내려가야 했다. 그리고 앙코르 유적은 수백 년간 밀림 속에 버려져야 했다. 어쩌면 그랬기 때문에 개경이나 한양보다도 더 생생한 옛 모습을 간직한 채 캄보디아의 자존심으로 되살아날 수 있었는지도 모른다.

동남아시아의
오늘

현대 동남아시아의 비극 '킬링필드'

15세기 이후 캄보디아는 서쪽의 타이와 동쪽의 베트남에 끼어 오금을 펴지 못했다. 400여 년이나 지난 1863년에 겨우 프랑스의 도움을 받아 타이의 간섭을 물리칠 수 있었으나, 그것은 사실 여우를 피하려다 호랑이굴에 들어간 꼴이었다. 제국주의로 치닫고 있던 프랑스가 캄보디아를 내버려 두지 않고 자기네 보호령으로 만들어 버렸기 때문이다. 프랑스는 그 뒤 90년 동안 캄보디아를 지배했고, 바로 그때 찬란한 앙코르 유적을 발굴하고 약탈해 간 것이 바로 프랑스인이었다.

캄보디아는 국제사회의 지원에 힘입어 프랑스의 지배에서 벗어났지만, 그 앞에는 더 큰 시련이 기다리고 있었다. 인도차이나반도를 피로 물들인 베트남전쟁 때문이었다. 베트남전쟁은 캄보디아처럼 프랑스의 지배에서 벗어난 베트남 사람들이 새로운 간섭자로 나선 미국과 벌인 전쟁이었다. 1960년부터 본격화된 이 전쟁에서 미국은 54만 명의 병사와 288억 달러의 비용을 쏟아 붓고도 승기를 잡지 못했다. 게다가 캄보디아마저 반미 노선을 걷자 미국의 입장은 더욱 곤란해졌다.

1969년, 수많은 미국 비행기들이 베트남 국경을 넘어 캄보디아로 날아들기 시작했다. 캄보디아 상공을 가득 메운 그 비행기들이 가져간 것은 약 54만 톤에 이르는 폭탄이었다. 미국의 B-52폭격기가 쏟아 부은 이 폭탄은 2차 세계대전 당시 미국이 일본에 떨어뜨린 폭탄보다 3

미군의 폭격과 폴포트의 킬링필드로 황폐화된 1970년대의 캄보디아.

배나 많았고, 그 파괴력은 히로시마에 떨어진 원자 폭탄의 25배에 이르렀다. 사방을 불바다로 만드는 네이팜탄과 수백 개의 작은 폭탄을 한꺼번에 터뜨리는 클러스터밤, 그리고 자손 대대로 치명상을 입히는 고엽제가 앙코르 문명의 고장을 석기시대로 몰아갔다.

미국의 닉슨 대통령과 키신저 안보고문은 베트남 공산군이 캄보디아에 은신하면서 세력을 키우고 있다는 판단에 따라 이 비밀 폭격을 명령했다. 그러나 폭격의 대상에는 제한이 없었다. 캄보디아 국토 전체가 목표였다. 1973년 폭격 명령을 거부한 죄로 군법회의에 회부된 도널드 도슨 미 공군 대위는 이렇게 말했다. "캄보디아 폭격 임무를 띠고 날아갔으나 어디에도 군사 목표물이 없었다. 그래서 사람들이 모인 결혼식장을 목표물로 삼을 수밖에 없었다."

이러한 무차별 폭격으로 희생된 캄보디아 사람들은 60만~80만 명에 이른다고 한다.

그 폭격의 와중인 1970년, 캄보디아의 반미 정권은 무너지고 독재자 론놀이 이끄는 친미 정권이 들어섰다. 그러나 론놀 정권이 미국을 등에 업고 부패와 탄압을 일삼자, 다시 5년 만에 크메르루주라는 사회주의 세력이 혁명에 성공했다. 크메르루주가 화폐를 폐지하고 무역을 금지하는 등 극단적인 사회주의 정책을 펴는 동안, 미국에 협조했던 10만 명이 학살당하고 수십만 명이 기아와 질병으로 죽어 갔다. 1985년에 만들어진 영국 영화 〈킬링필드〉는 바로 이때의 참상을 소재로 만들어졌으며 아카데미상까지 받았다.

그러나 크메르루주 시절의 학살과 참사를 '킬링필드' 라고 부른다

캄보디아 학살 희생자들을 모신 사당 앞에서 한 소년이 유골들을 바라보고 있다.

면, 그에 앞서 벌어진 미군의 폭격도 킬링필드라는 오명에서 자유로울 수 없다. 그때 워낙 많은 사람이 죽었고 친미 정권 아래에서 많은 비리와 폭력이 저질러졌기 때문에 그에 대한 반발로 크메르루주와 같은 극단적 반미 좌파 정권이 들어섰던 것이다.

오늘날 캄보디아는 두 차례 '킬링필드'의 상처를 잊고 그러한 비극을 몰아온 외세의 개입을 막고자 영세중립국을 지향하고 있다. 또한 앙코르 시절부터 숙적인 베트남과 화해하고 함께 동남아시아국가연합ASEAN에도 가입하여 오랜 가난으로부터 벗어나려고 애쓰고 있다. 6·25전쟁 직후 세계에서 가장 가난한 나라였던 우리나라가 세계 10위권의 무역 대국으로 성장한 것을 보면, 앙코르 왕조의 찬란한 전통을 가지고 있는 캄보디아도 해내지 말라는 법이 없다. 아니, 캄보디아를 포함한 동남아시아 각국은 이미 미래를 향해 힘차게 달려 나가고 있다. 그러한 동남아시아에 필요한 것은 분명 앙코르 왕조와 같은 문명의 교류와 융합이지 '킬링필드'와 같은 문명의 충돌과 증오가 아니다.

이슬람 사원 앞을 지나는 이란 여성들.

8 아시아에 자리 잡은 '아리아인'의 나라들

인도와 이란의 어제와 오늘

현재 지구상에는 한국인, 일본인, 프랑스인 등 수많은 민족이 어울려 살아가고 있다. 민족이라는 울타리는 같은 민족에게 강한 동질감과 애정을 느끼게 하지만, 다른 민족에 대해서는 배타적인 태도를 갖게 만들기 쉽다. 그런데 서로 원수처럼 지내는 민족도 뿌리를 찾아 올라가면 뜻밖에도 같은 조상에서 갈라져 나왔다는 것을 발견하는 일도 있다. 사실 역사를 거슬러 올라가면 인류 모두 한 뿌리에서 출발했음에도 저마다 다른 민족으로 갈라져 서로 협력하기도 하고 경쟁하기도 하는 오늘날, 민족은 어떤 의미를 지닐까. 아리아인이라고 불리는 '인도유럽어족'의 역사를 통해 민족의 진정한 의미에 대해 생각해보자.

유럽, 인도, 이란은 한 조상의 후손이다

미국 대통령 조지 W. 부시^{George W. Bush, 1946~}는 북한·이란·이라크를 '악의 축'으로 규정한 적이 있다. 그의 말에 따르면, 이 세 나라는 하나같이 독재국가이고 테러를 후원한 적이 있다. 또 대량 살상 무기를 개발·소지하고 있어, 언제든지 전쟁을 일으킬 가능성이 있는 만큼 국제사회에 위협적인 존재라는 것이다. 부시의 주장이야 어찌 되었든 이 세 나라가 그의 심사를 건드린 것만은 분명하다.

이 중 이란은 서남아시아 페르시아 만 연안에 자리 잡고 다른 서남아시아의 아랍 국가들처럼 이슬람교를 신봉하는 나라다. 그래서 이란 인들은 언뜻 보기에는 아랍 민족으로 보인다. 그러나 그들은 아랍어가 아니라 오히려 부시가 사용하는 영어와 같은 뿌리에서 나온 이란어를 사용하고 있다. 또 혈통으로 따져 보더라도 셈^{Sem}*족 계통의 아랍 민족 보다는 부시가 속한 앵글로−색슨^{Anglo-Saxon}족에 더 가깝다.

이러한 이란 사람들과 언어·인종 면에서 가장 가까운 사람들은 서쪽의 아랍 사람들이 아니라 동쪽으로 이웃해 있는 인도 북부 사람들이다. 그들의 조상은 오랜 옛날 중앙아시아의 사막 주변에 펼쳐져 있는 스텝^{Steppe} 지대에서 고대 문명이 일어난 지역으로 퍼져 나간 유목민이었다. 함께 초원 지대에 살던 게르만족은 그 대열에 합류하지 않다가 뒷날 서유럽으로 이동했다.

이처럼 유럽과 인도, 이란 사람들이 같은 언어를 사용하는 하나의 조상에서 갈라져 나왔다는 사실이 밝혀진 것은 그리 오래된 일이 아니다. 수천 년 동안 그들은 서로가 완전히 다른 종족이라 믿었기 때문에, 서로 죽고 죽이는 싸움도 서슴지 않았다. 그러다가 그들이 옛날로 거슬러 올라가면 형제 간일 수도 있다는 '충격적인' 사실이 밝혀진 것은 근대에 접어들어서였다. 게다가 그것은 인도와 이란을 식민지로 삼았던 영국인의 '우연한 발견' 덕분이었다.

18세기 − 영어와 인도어는 친척 간이다

영국은 1765년 인도에 대한 식민 통치를 시작했는데, 그 당시 '일

---

* **셈(Sem)족** 헤브라이어·아랍어·페니키아어 등, 북아프리카에서 서남아시아에 걸쳐 쓰이는 셈어를 사용하는 민족을 가리킨다. 이에 대해 이집트어·리비아어 등 북아프리카에서 쓰이는 함(Ham)어를 사용하는 민족을 함족이라고 한다.

파키스탄 편잡 주에 남아 있는 아리아 유적.

등 시민'인 영국인과 '비천한' 인도인을 같은 선상에 놓고 비교한다는 것은 있을 수 없는 일이었다. 영국인이 볼 때 인도인은 새로운 문명의 세례를 주어 교화해야 할 '야만인'에 지나지 않았다.

그러던 어느 날 콜카타 대법원의 수석 판사로 인도에 파견된 영국인 윌리엄 존스William Jones, 1746~1794가 우연한 계기로 놀라운 사실을 발견하게 되었다. 『리그베다』 등의 힌두교 경전*과 불교 경전에 사용된 고대 인도의 산스크리트어를 분석해 보니, 그 문법 구조가 유럽 언어의 모태인 그리스어·라틴어와 매우 비슷했던 것이다.

이 발견은 당시 유럽 학계에 커다란 파문을 불러일으켰다. 콧대 높은 영국인은 부정하고 싶었겠지만, 그 뒤 연구가 진행됨에 따라 인도어와 영어는 같은 계통의 언어임이 점점 확실해졌다. 그리고 두 언어를 묶는 범주를 '인도유럽어족'이라고 부르게 되었다. 여기에는 프랑스어·스페인어 등 라틴 계통의 언어와 러시아어·체코어 등 슬라브 계통의 언어, 나아가 인도어와 가장 가까운 이란어도 포함되었다. 그렇다면 유럽과 인도, 이란에 사는 사람들의 조상은 '언제, 어떻게' 지금처럼 갈라져 살아가게 되었을까?

인도에서 가장 오래된 종교적 문헌인 리그베다.

* 힌두교 경전 『리그베다』의 원제는 『리그베다 상히타』로, '리그'는 성가(聖歌), '베다'는 경전, '상히타'는 경전의 집성(集成)을 뜻한다. 이 문헌은 브라만교의 기본 경전인 '4베다' 중 첫 번째에 해당하는데, 브라만교는 뒷날 인도 민간신앙을 흡수하여 힌두교로 발전했다.

13세기 페르시아에서 만들어진 장식 주발.

기원전 20세기 – 유라시아 대륙을 뒤덮은 유목민의 물결

기원전 20세기는 북아프리카·서아시아·인도·중국 등지에서 일어난 인류 고대 문명이 나름대로 안정을 찾아가며 꽃을 피우던 시기였다. 이 무렵부터 거대한 인간 집단이 새로운 문명의 땅을 찾아 중앙아시아 초원 지대에서 움직이기 시작했다.

철기를 사용하는 백인 유목민으로 짐작되는 이들은 남쪽의 문명 지대로 퍼져 나갔다. 그리하여 중국을 제외한 각 지역에서 원주민을 점령하고 때로는 원주민과 뒤섞이며 주민과의 '세대교체'를 이뤄 냈다. 그들 중 히타이트인은 흑해와 지중해 사이의 넓은 고원 지대인 아나톨리아로 밀고 들어가 바빌로니아의 함무라비Hammurabi, 기원전 ?~1750 왕조를 무너뜨렸고, 이집트까지 쳐들어가 람세스 2세Rameses II, ?~?의 군대를 전멸시켰다. 히타이트인의 승리는 창·방패 같은 무기뿐 아니라 전차 바퀴와 말발굽까지 철제로 무장한 철기 문화가 서아시아와 이집트의 청동기 문화에 대해 거둔 승리였다.

람세스 2세로 추정되는 조각상.

또 이오니아인과 도리아인은 그리스에 차례로 들어가 그 지역의 청동기 문명이었던 미케네문명과 크레타문명을 멸망시켰다. 이들이 뒷날 찬란한 도시 문명을 이룩한 아테네와 스파르타의 선조라는 것은 잘 알려진 사실이다. 이 무렵 이탈리아반도로 들어간 라틴족도 이들 유목민의 일파였다.

초원 지대를 빠져나온 거대한 인간 집단의 일부는 인도 북부의 인더스 강 유역으로 들어가 그곳 고대 문명의 주인공인 드라비다인을 정복했다. 그리고 드라비다인과의 결혼을 장려해 새로운 종족을 탄생시켰다. 인도의

새 주인이 된 이 유목민은 스스로를 '아리아인'이라 불렀는데, 이 말은 그들 언어로 '고귀한 종족'이란 뜻이다. 이 고귀한 종족은 이란고원으로도 들어가 뒷날 강력한 고대 국가가 되는 페르시아제국의 모체를 형성했다. 그래서 때때로 이 시기에 이동한 유목민 전체를 일컬어 아리아인으로 부르기도 한다.

이처럼 고대 문명 세계의 거의 모든 지역에서 새로운 주류主流로 자리 잡은 아리아인은 그 뒤 각자의 위치에서 독자적으로, 또는 서로 영향을 주고받으면서 세계 역사를 이끌어 갔다.

그로부터 수많은 세월이 지난 서기 4세기 무렵, 내륙에서 또 다른 유목민이 대이동을 시작했다. 그들은 아리아인과 같은 어족, 같은 인종이면서도 아리아인의 대이동에 합류하지 않고 내륙에 남아 있던 게르만족이었다. 그들은 고대 로마를 멸망시키고 서유럽의 주인이 되었으며, 뒷날 아시아로 진출하여 인도와 이란을 식민 통치할 만큼 강성해졌다. 인도인과 이란인이 자신들과 친척 간인 줄도 모른 채 말이다.

아리아인들이 섬기는 전쟁의 신 인드라.

인도와
이란의 오늘

20세기 – 누가 정통 아리아인인가?

아리아인이 유라시아를 휩쓴 지 수천 년이 지난 1930년대, 유럽과 아시아에는 서로 자기가 정통 아리아인이라고 주장하는 두 나라가 있었다. 그중 하나는 부지런히 영국을 따라잡고 있던 제국주의 국가 독일이었고, 다른 하나는 영국의 식민 통치에서 벗어나 제 갈 길을 모색하고 있던 이란이었다.

1935년까지 이란은 세계인, 특히 유럽인에게 '페르시아' 라 불렸다. 과거에 그리스 사람들이 이 나라를 '페르시아' 라 불렀고, 그 명칭이 그리스의 정신적 후예인 서유럽에 그대로 계승되었던 것이다. 그러나 이란 사람들이 스스로를 부르는 호칭은 따로 있었는데, '아리아인의 나라' 라는 뜻을 가진 '이란' 이 그것이다. 1935년 이란 국왕 레자 샤^{Reza Shah, 1878~1944}는 전 세계에 자기 나라를 '페르시아' 라고 부르지 말라고 요청했다. 그것은 정당하고도 당연한 요구였다. 아리아인의 후손이 사는 나라에 걸맞은 이란이란 이름이 분명히 있는데, 다른 나라 사람들이 자기들 입에 익었다고 함부로 딴 이름으로 부를 수는 없는 일이다.

그런데 게르만족의 나라인 독일이 아리아인의 후예라고 주장하고 나선 것은 무슨 이유에서였을까? 그 당시 독일에서는 히틀러가 이끄는 나치스가 극단적인 민족주의 정책을 펴면서 전쟁을 향해 한 걸음씩 다가가고 있었다. 나치스는 아리아인의 범주를 인도유럽어족에 속한 전체 백인종으로 확대하면서 다음과 같이 주장했다.

"아리아인이란 현재 세계를 지배하고 있는 백인종을 말하며, 그중 가장 순수한 혈통은 우리 독일의 게르만족이다. 따라서 우리는 다른 민족을 지배할 사명을 띠고 태어났다. 반면 가장 열등하고 남에게 해를 끼치는 민족은 유대인이다. 그들은 아무리 환경을 개선하고 교육을 해도 타고난 열등성과 해악성에서 벗어날 수 없다. 가장 순수한 아리아인인 우리 독일의 게르만족은 열등한 민족의 해악이 우리에게 전염되는 걸 막기 위해서라도 그들을 격리하거나 없애 버릴 권리가 있다."

오늘날 두 주장 가운데 어느 쪽이 정당한지는 이미 판결이 난 상태다. 다른 민족이 붙인 이름으로 불리던 아리아인의 후손에게 제 이름을 돌려주는 것은 당연하지만, 아리아인이라는 이름을 확대 해석하여 다른 민족을 박해하고 침략하는 데 이용하는 것은 명백한 범죄 행위다.

아리아인이든 인도유럽어족에 속한 백인이든, 중요한 것은 그들이 다른 언어권의 다른 종족보다 우수한가 열등한가 하는 것이 아니다. 그들은 원래 하나의 조상에게서 나온 형제이며 그것을 기초로 다른 언어권, 다른 종족과의 조화를 모색해야 할 것이다.

에스토니아
리트비아
리투아니아
러시아

영국
네덜란드
벨기에
독일
폴란드
벨로루시

에스파냐

모로코

알제리

말리

부르키나파소

토고

가나

적도기니
가봉
콩고
공화국

콩고민주공화국

스위스
슬로바키아
헝가리
루마니아
이탈리아
불가리아
그리스
터키
카자흐스탄
몽골
우즈베키스탄
키르기스스탄
투르크메니스탄
타지키스탄
시리아
레바논
이스라엘
요르단
이라크
이란
아프가니스탄
중국
파키스탄
네팔
부탄
사우디아라비아
인도
미얀마
라오스
타이
베트남
캄보디아
대만
대한민국
필리핀
브루나이
말레이시아
싱가포르
인도네시아
이집트
리비아
니제르
차드
수단
지부티
예멘
오만
아랍에미리트
에티오피아
소말리아
우간다
케냐
중앙아프리카
공화국
나이지리아
카메룬
탄자니아
앙골라
잠비아
말라위
짐바브웨
마다가스카르
나미비아
보츠와나
모잠비크
스와질란드
남아프리카공화국
레소토
오스트레일리아

튀니지

©김정호

시리아의 오아시스 고대도시 팔미라의 일출 모습.

9 실크로드와 아시안 하이웨이

실크로드의 어제와 오늘

아시아 대륙의 한복판에는 드넓은 초원과 끝이 보이지 않는 사막이 펼쳐져 있고, 험난한 산세를 자랑하는 산들이 즐비하게 늘어서 있다. 한눈에 보기에도 척박하기 이를 데 없는 곳이지만, 그 옛날에는 정치·경제·문화 교류의 중심지였던 실크로드가 이 지역을 가로질러 뻗어 있었다고 하니 놀랍기만 하다. 그러나 동서양 문물이 만나는 장소로 이용되던 이곳도 항해 기술의 발달로 점점 쇠퇴해 역사의 뒤안길로 사라져 버렸다. 이제는 기억 속에서도 잊혀진 줄로만 알았던 이 땅에, '아시안 하이웨이' 라는 이름으로 도로와 철도가 깔리며 다시 주목을 받기 시작했다.

━ 실크로드
── 아시안 하이웨이 A1 루트
── 아시안 하이웨이 A2 루트

버 려 진 땅 , 실 크 로 드

유럽으로 향하는 비행기에서 창밖을 내다보면, 처음에는 빽빽이 들어찬 건물 지붕들이 눈에 들어오다가 잠시 뒤에는 도저히 사람이 살 수 없을 것만 같은 초원과 사막지대가 끝없이 펼쳐진다. 간혹 화성의 분화구처럼 곳곳에 패여 있는 호수들이 지루함을 달래 주지만 넓디 넓은 대륙은 계속해서 이어진다. 그러다 유럽의 하늘로 접어들면 다시금 푸른 농지와 각 가정에서 새어 나오는 불빛이 전혀 새로운 풍광을 선사한다.

텐산산맥의 만년설.

이렇게 끝없는 초원과 사막지대로 이루어진 대륙은 동아시아와 유럽의 문명 지대를 잇는 중앙아시아다. 중국 서부 지역을 가로지르는 쿤룬崑崙산맥과 파미르고원에서 내려온 물줄기는 곳곳에 있는 호수로 흘러들어갈 뿐 바다까지는 이르지 못하기 때문에, 이 지역을 '내륙 아시아'라 부르기도 한다. 중앙아시아는 이처럼 척박한 환경 탓에 버려진 땅처럼 보이지만, 이곳에는 오랜 옛날부터 사람이 살고 있었을 뿐 아니라 동서양을 연결하는 길이 뻗어 있었다. 바로 '실크로드'*, 곧 '비단길'이라 불리며 동서양의 정치·경제·문화를 이어 준 육상 교통로가 이 땅에 있었던 것이다.

이 길을 따라 중국의 비단이 서아시아와 로마에 전해질 수 있었지만, 중세 들어 바다를 통한 또 다른 통로가 발달하면서 이 길은 잊혀지는 듯했다. 그러다 21세기 들어 '아시안 하이웨이'라는 고속도로망이 건설되고 철로가 놓이면서 비단길은 다시금 주목을 받기 시작했다. 2,000년 전에 개척되었다가 누구의 관심도 끌지 못하고 잊혀졌던 이곳에 과연 무슨 일이 일어나고 있는 것일까?

2 , 0 0 0 년 전 실 크 로 드

기원전 139년, 중국 한나라의 장건張騫, 기원전 ?~114이라는 사람이 무

---

* **실크로드** 서방으로 수출되던 주요 품목이 중국산 비단인 데서 이런 이름이 붙었다. 이 통상로에는 광대한 타클라마칸 사막이 자리하고 있어, 이 사막을 중심으로 길은 두 갈래로 나뉜다. 곧 북쪽으로 돌아서 가는 텐산(天山) 북로와, 남쪽을 경유하는 텐산 남로가 그것이다. 서쪽으로는 두 길 모두 파미르고원을 넘어 서투르키스탄의 시장에 이르며, 동쪽으로는 간쑤 성(甘肅省)의 둔황(敦煌)에서 합쳐져 황허(黃河) 강 유역까지 이르렀다. 3세기까지 오아시스를 중심으로 국제시장이 번성하여 두 길 모두 활발한 교역에 한몫했지만, 남로 지역이 차츰 사막지대로 변하면서 텐산 남로에는 사람의 발길이 뜸해지기 시작했다.

흉노와 한나라군의 기마전.

제武帝, 기원전 156~87의 특명을 받고 100여 명의 군졸과 함께 수도 장안을 떠났다. 그에게 내려진 특명은 '대월지大月氏*와 동맹을 맺으라.'는 것이었다. 그 당시 한나라는 북쪽 변경 지대에서 위세를 떨치던 흉노*에게 적지 않은 위협을 느끼고 있었다. 그래서 무제는 서쪽에 있다는 대월지라는 나라와 손을 잡고 흉노를 몰아내고 싶었다. 그러나 그러기 위해서는 중국과 서역 사이를 막고 있는 흉노의 영토를 뚫고 지나가야 했다.

특명을 받은 장건은 흉노의 눈을 피하기 위해 상인들이 다니는 길을 선택했다. 그러나 흉노는 그의 생각을 읽기라도 한 듯 길목을 지키고 서 있었고, 장건은 그들에게 붙잡혀 10년이나 고초를 겪어야 했다. 그는 가까스로 탈출에 성공해 대월지에 도착했지만, 이번에는 흉노에 대한 대월지 사람들의 무관심과 맞닥뜨려야 했다. 얼마 전 흉노에게 밀려 아무다리야 강 유역으로 내려온 대월지 사람들은 그곳에서 기반을 잡느라 여념이 없었기 때문이다. 아무런 성과 없이 돌아오던 장건은 또다시 흉노의 포로가 되었다. 다행히 이번에도 운이 좋아 탈출할 수 있었지만, 빈손으로 돌아서는 그의 발길은 무겁기만 했다.

이처럼 장건은 임무를 달성하지 못했다. 게다가 함께 떠났던 100

* **대월지(大月氏)** 기원전 128년부터 기원후 450년에 이르기까지 중앙아시아 아무다리야 강 유역에서 활약한 이란계 또는 투르크계의 민족이 세운 나라. 기원전 3세기까지 몽골 초원 서쪽에서 서아시아에 이르는 넓은 지역에서 활약하다가 흉노에게 쫓겨 중앙아시아 아무다리야 강 유역으로 이동했다. 그 뒤 그리스 사람들을 몰아내고 그리스의 식민 왕국 박트리아를 지배하며 세력을 넓혀 갔다.
* **흉노** 기원전 4세기 말부터 기원후 1세기 말까지 몽골고원과 동투르키스탄 일대를 지배했던 유목 기마민족.

여 명의 군졸 대부분을 잃어 겨우 한 명만이 귀국길에 동참할 수 있었다. 그런 장건에게 무제는 질책은커녕 '태중 대부'라는 높은 벼슬을 내리며 그의 노고를 치하했다. 그도 그럴 것이 비록 동맹을 성사시키지는 못했지만, 장건은 서역으로 가는 실크로드를 지나면서 근처 여러 나라와 부족에 대한 정보를 소상히 알아 왔기 때문이다.

실크로드의 개척자, 장건

그렇다면 장건은 어느 곳을 들렀으며, 어떤 사람들을 만났을까? 처음 장건이 마주친 것은 흉노였다. 고대 유목민인 흉노는 일설에 따르면 게르만 민족의 대이동을 있게 한 훈족의 다른 이름이라고 한다. 그들의 포로가 되어 갖은 고초를 겪은 그는 결국 탈출에 성공했다.

흉노의 손아귀를 벗어난 장건은 남으로는 타클라마칸 사막, 북으로는 험준한 톈산산맥의 높은 봉우리들 사이를 지나 서쪽으로 달렸다. 톈산산맥 기슭에는 타림분지가 자리 잡고 있었고, 분지 곳곳에는 오아시스를 중심으로 크고 작은 도시가 형성되어 있었다. 이들 도시가 바로 동서 교통의 요충지였다.

장건 동상.

장건이 대월지로 가는 길에 머물렀던 '대완大宛'이라는 곳도 이러한 오아시스 도시 중 하나로, 성이 70여 개나 되고 인구도 수십만 명에 이르는 제법 큰 규모를 자랑했다. 현지 사람들이 '페르가나'라 부르는 이곳에서 장건은 수많은 말들이 뛰노는 것을 보았고, 난생처음 포도를 맛보기도 했다.

장건이 마지막으로 도착한 대월지는 대완보다 훨씬 큰 나라였다. 규모도 규모였지만 그의 눈을 사로잡

당나라 때 서역 예술인이 만든 낙타 조각상.

은 것은 하루에 1,000리는 거뜬히 간다는 한혈마汗血馬였다. 그 밖에도 그의 흥미를 끄는 것이 있었다. 대월지에서 서쪽으로 수천 리를 더 가면 '안식국安息國'이라는 어마어마한 부자 나라가 있다는 사실이었다. 대월지 사람들이 '파르티아'라 부르는 그곳에서는 은으로 만든 돈을 사용한다는 이야기도 들었다. 또 어느 상인은 얇은 양가죽 위에 가로로 쓰인 안식국 사람들의 문자도 보여 주었다. 세로로 쓰는 한자를 문자의 전부로 알고 있던 장건은 분명 커다란 문화적 충격을 받았을 것이다. 이처럼 장건을 놀라게 만든 파르티아란 바로 오늘날의 이란이다.

장건이 대월지를 거쳐 다시 고국으로 향할 때에는 남쪽으로 돌아서 가는 길을 택했다. 역시 흉노를 피하기 위해서였다. 한 800km쯤 갔을까? 이번에는 '대하大夏'라는 나라와 맞닥뜨렸다. 그곳 사람들에 의해 '박트리아'라 불리는 이 나라는 알렉산드로스대왕Alexandros the Great, 기원전 356~323의 대제국 마케도니아가 붕괴된 뒤에 탄생했다. 마케도니아가 이 지역을 지배하던 시절 이곳에 살고 있던 그리스 사람들이 마케도니아가 무너진 뒤에도 떠나지 않고 이 나라를 세웠던 것이다. 그 뒤 대하는 지중해의 헬레니즘 문화*가 동쪽으로 전파되는 창구 역할을 했다.

대하를 지나 동쪽의 티베트고원을 넘은 장건은 다시 한 번 흉노 사람들에게 붙잡히고 말았다. 갖은 고초 끝에 고국으로 돌아간 그는 그동안 보고 들은 것들을 무제에게 소상히 보고했다. 이때의 기록은 한나라가 서역 경영에 나서는 바탕이 되었고, 장건은 실크로드의 개척자로 역사에 이름을 남길 수 있었다.

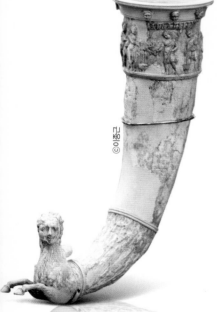
투르크메니스탄의 파르티아왕국 유적지인 니사에서 나온 뿔잔.

* 헬레니즘 문화 알렉산드로스 대왕의 동방 원정 이후, 그리스와 동방의 오리엔트가 서로 영향을 주고받음으로써 생긴 역사적 현상. 세계 시민주의·개인주의적 경향이 특징이며, 자연과학이 발달하는 계기가 되었다.

아시안 하이웨이의 대장정

본선 길이 6만 6,000km, 본선에서 곁가지로 갈려나간 지선을 합한 길이 20만km. 1958년 국제연합 산하 '아시아태평양경제사회위원회ESCAP'가 아시아와 유럽의 경제·문화 교류를 목적으로 1961년에 착공한 '아시안 하이웨이'의 청사진이다. 원래 이 계획에 참여한 나라는 15개국에 지나지 않았지만 2005년 현재 25개국으로 늘어났고, 본선의 길이도 9만km로 늘려 잡았다.

아시안 하이웨이의 구상과 노선은 철저히 실크로드를 기반으로 삼았다. 단지 규모만 훨씬 클 뿐이었다. 실크로드가 톈산산맥 북쪽으로 돌아가는 톈산 북로와 장건이 귀국할 때 택했던 톈산 남로의 2개 노선으로 이루어졌던 것처럼, 아시안 하이웨이도 2개의 주요 노선으로 되어 있다. A1 루트는 터키의 앙카라에서 인도를 거쳐 베트남의 호치민으로, A2 루트는 이라크의 바그다드에서 인도, 말레이반도를 지나 인도네시아의 발리 섬에 이른다.

실크로드가 그랬던 것처럼 아시안 하이웨이의 성공 여부는 중국의 내부 사정과 주변 여러 나라들의 정치·외교 관계에 달려 있다. 앞서 본 것처럼 한나라는 흉노에 맞서 서역을 개척해야 할 필요 때문에 실크로드를 열었다. 그러나 뒷날 이란과 동로마가 잇따라 비단 제조 기술을 익히고 실크로드 교역의 주도권을 장악해 나가자, 명나라는 스스로 이 교역로를 폐쇄해 버렸다. 이것은 실크로드를 따라 펼쳐져 있던 중앙아시아를 동서東西로 나누는 결과를 낳았다.

그 뒤 항해술이 발달하면서 육로보다 좀 더 빠르고 편리한 해로를 이용한 교류가 활발해졌고, 실크로드는 잊혀져 갔다. 장건이 서역을 개척할 때만 해도 '36개국'에 이르던 실크로드 위의 나라들은 모두

타클라마칸 사막.

사라졌고, 중국을 포함해 몇 안 되는 나라들로 통합되었다. 오아시스 도시국가들이 흩어져 있던 톈산산맥 기슭의 타림분지는 신장웨이우얼자치구新疆維吾爾自治區라는 이름으로 중국 영토에 편입되었다. '웨이우얼'이란, 이 지역의 여러 민족 가운데 하나인 위구르족을 가리키는 중국 말이다. 대완과 대월지, 대하 등이 자리 잡았던 중앙아시아 서쪽 지대는 아시안 하이웨이가 논의될 때만 해도 모두 구소련의 영토였다. 소련이 중국과 사이가 좋지 않던 1970~1980년대에 양국의 경계를 이룬 실크로드 지역은 정치적 긴장이 감도는 개발의 외곽 지대일 수밖에 없었다.

소련이 붕괴하면서 중앙아시아 서쪽에 있던 카자흐스탄, 투르크메니스탄, 타지키스탄, 우즈베키스탄 등 아시아계 공화국들이 독립하여 1992년 아시안 하이웨이 계획에 참여했다. 중국도 그보다 앞선 1988년 이 계획에 동참하기 시작해 신장웨이우얼자치구의 가치에 주목하고 적극적인 서부 개발 계획을 추진하고 있다.

중국과 소련에서 독립한 아시아 공화국들, 그리고 이들과 국경을 마주하고 있는 이란·아프가니스탄·인도·동남아시아 등은 아직도 정치·외교 관계가 복잡하게 얽혀 있어 화합을 이루지 못하고 있다. 아시안 하이웨이와 중앙아시아 여러 민족의 미래는 이들이 얼마나 공동의 이익을 위해 개발에 나서는가 하는 데 있다. 그렇게만 된다면 비행기에서 내려다본 중앙아시아의 넓은 초원이 밝은 불빛으로 가득 차 있는 정경도 먼 미래의 일만은 아닐 것이다. 그리고 그 불빛은 동아시아와 유럽을 잇는 고속도로 연변沿邊을 밝히는 교류의 불빛만이 아니라 그 지역에 사는 사람들의 삶을 밝히는 풍요의 불빛이 될 것이다.

아랍과 아프리카

인류와 문명의 발상지에서
세계의 화약고로

2

서아시아와 북아프리카를 포괄하는 아랍 세계는 인류 역사상 가장 오래된 문명을 탄생시킨 곳이다. 중남부 아프리카는 인류가 가장 먼저 삶을 시작한 곳이기도 하다. 그런 곳이 오늘날 이슬람교와 크리스트교의 종교 대립으로, 석유를 둘러싼 이권의 충돌로, 식민주의의 유산과 종족 분규로, 세계 어느 곳보다 야만적인 역사의 후퇴로 고통받고 있다. 이 지역의 안정이야말로 인류의 밝은 미래를 보증하는 열쇠이다.

메소포타미아라 불리는 자지라 지역의 넓은 평원.

10 문명의 발상지와 악의 축 사이

이라크의 어제와 오늘

인류 문명의 4대 발상지 하면, 인더스 강·나일 강·황허 유역, 그리고 메소포타미아 지역을 손꼽는다. 이 가운데 메소포타미아 지역은 인류 최초의 문명이 탄생한 곳으로, 오늘날의 문화를 있게 한 바탕이 된 곳이라 할 수 있다. 그러나 역사적으로도 중요한 의미를 지닌 이 땅이 지금은 '악의 축'으로 불린다. 그 연유가 어디에 있는 걸까.

'메소포타미아'는 메소포타미아가 아니다

'메소포타미아', 사람들은 이 이름에 대해 경의를 표한다. 인더스 강, 나일 강, 중국의 황허黃河 유역과 함께 인류 문명의 4대 발상지로 꼽히는 지역의 이름이기 때문이다. 특히 '메소포타미아'는 이 가운데서도 가장 먼저 문명이 생겨난 명예로운 곳이다. 그러나 그 이름에는 우리가 의식하지 못하고 있는 세계사에 대한 무지와 서양 중심적인 시각이 숨어 있다. 세계사에 대한 이야기를 시작하면서 '메소포타미아'라는 이름을 쓰는 순간, 우리는 서양 사람들이 만들어 놓은 안경을 쓰고

다산과 풍요의 여신, 이슈타르.

인류 문명 탄생의 흔적을 찾는 유적 발굴 모습.

역사를 바라보게 된다.

'메소포타미아'는 '강과 강 사이'를 뜻하는 말이다. 여기서 말하는 강과 강은 티그리스 강과 유프라테스 강을 가리키는데, 우리나라의 교과서뿐 아니라 세계사를 다루는 대부분의 책들에 이렇게 기록되어 있다. 그래서 우리는 '페르시아 만' 가까이 있는 '근동近東' 지방의 이 지역을 조금도 주저하지 않고 '메소포타미아'라 부른다.

조금 더 친절한 역사책은 '메소포타미아'가 그리스어라는 사실을 알려 주기도 한다. 이 시점에서 우리는 고개를 갸웃거리게 된다. 그 땅은 그리스에서 다소 먼 곳에 위치해 있는데다, 그리스어를 사용하는 사람들이 살지도 않는 곳이기 때문이다. 그런데 왜 이곳에 아랍어가 아닌 그리스어로 된 이름이 붙었을까?

그 이유는 우리가 그리스 문명의 후예를 자처하는 유럽과 미국의 역사책, 지리부도의 내용을 그대로 베꼈기 때문이다. 더 근본적인 이유는 이들 크리스트교 문화권의 기본 문헌인 『성서』에서 찾아볼 수 있다. 『성서』의 그리스어 번역본에 이 지역이 '메소포타미아'라 표기되어 있는 것이다. 그 옛날 이집트를 탈출하여 이 지역을 지나 지금의 팔레스타인 일대인 가나안으로 가던 유대인이 이곳을 '강과 강 사이'라 불렀고, 그것을 그리스인이 '메소포타미아'로 번역했다. 그렇게 해서 생겨난 그리스어 지명을 로마와 서유럽에서 그대로 받아들였다. 그리하여 오늘날 서유럽 사람들의 시각에서 쓰인 역사책에서 '메소포타미아'는 이 지역의 이름으로 굳어졌다.

그렇다면 현지인들, 곧 아랍 사람들은 자기네 땅인 이곳을 무엇이

사자를 안고 있는 길가메시(왼쪽)와 아프가
니스탄 카불 외곽에 있는 옛 왕궁.

라고 부를까? 그들도 세계를 주도하는 유럽인의 명명법을 따라 비록
남의 말이지만 '메소포타미아'라는 이름을 그대로 쓰고 있을까? 그렇
지 않다. 자기네 언어가 있는데 자기네 땅을 남의 말로 부를 리가 없
다. 더구나 이 지역은 유럽과 미국을 중심으로 하는 크리스트교 문화
권과 적대적인 관계에 있는 이슬람 문화권이 아닌가? 아랍인들은 이
지역을 가리켜 '섬'이라는 뜻의 '자지라'라는 이름으로 부른다. 실제
로 이 지역은 두 강 사이에 자리 잡고 있어 거대한 섬처럼 보인다. 굳
이 표현의 적합성 여부를 따지지 않더라도 그 지역의 주인이 부르는
이름이 진짜라는 것은 논의의 여지가 없는 사실이다. 우리는 현지인이
부르는 이름은 모르고 유럽인과 미국인들이 가르쳐 주는 대로 '메소포
타미아'라는 이름만 알고 있었던 셈이다.

습관적인 '잘못 부르기'

우리가 아무런 저항 없이 사용해 온 '티그리스 강'과 '유프라테스 강' 이란 지명 역시 그리스에서 붙인 이름일 뿐이다. 정작 이 강의 주인들은 최초의 인류 문명에 대한 기억을 싣고 흐르는 이 강을 그런 그리스 이름으로 부르지 않는다. 그들은 티그리스 강은 샤디라, 유프라테스 강은 알푸라트라 부른다. 또 이 두 강이 흘러 들어가는 바다도 그곳 사람들에게는 '페르시아 만'이 아니다. '아라비아 만'이라는 그들의 이름이 존재한다.

이것 말고도 우리 입장에서 맞지 않는 '지명 부르기'도 있다. 우리는 아랍인의 땅을 '근동近東'이나 '중동中東'이라고 부른다. 근동은 '동방에 가까운 지역'이라는 뜻으로 아라비아와 이란·터키 등지를 가리키고, 중동은 '동방의 가운데'라는 뜻으로 본래 인도를 가리켰던 말이다. 중국과 우리나라, 일본을 가리키는 '극동極東'은 물론 '동방의 끝'이라는 뜻이다. 이러한 이름들은 서유럽 사람들이 볼 때는 맞다. 그들이 보기에 이들 나라는 분명히 동쪽에 위치하고 있기 때문이다. 좀 더 정확하게 말하자면 2차 세계대전 당시, 영국이 전략적 편의를 위해 아시아 여러 나라를 분류한 이름들이다.

그러나 우리가 볼 때는 다르다. 우리가 우리 자신을 극동이라고 부르는 것은 우리 조상이 우리를 '동이東夷(동쪽의 오랑캐)'라고 부르던 것을 생각나게 한다. 그리고 아라비아반도와 이란고원에 분포해 있는 이슬람 나라들은 우리가 볼 때 '근동'이나 '중동'이 아니다. 오히려 우리에게 그곳은 서방 유럽 대륙에 가까운 '근서近西'가 될 것이다.

어느 한 나라가 주관적인 시점으로 각 지역의 이름을 짓는 것은 제국주의 시대의 낡은 유물일 따름이다. 따라서 누구의 눈에도 객관적인 이름, 곧 아라비아 일대는 아시아 대륙의 서쪽이란 의미에서 '서아시아', 우리나라가 속한 일대는 아시아 대륙의 동북쪽이라는 의미에서 '동북아시아'라고 부르는 것이 지구촌 시대에 걸맞은 지명이라고 할 수 있다.

메소포타미아문명의 후예, 이라크

'메소포타미아'라는 이름을 찬란한 인류 문명의 발상지로 기억하는 사람들은, 현재 그곳을 '자지라'라고 부르며 살고 있는 이들이 어느 나라 사람들인지 잘 모른다. 기껏해야 근동의, 아니 서아시아의 어느 나라이겠거니 할 것이다. 그 땅에서 인류 최초의 도시 문명인 수메르 문명을 탄생시키고, 세계 최초의 성문법成文法인 함무라비법전을 만들고 거대한 공중 정원과 바벨탑*을 일으켜 세운 바빌로니아의 자랑스러운 후손들은 도대체 누구일까?

그 위대한 문명의 후예는 미국에 의해 인류 문명의 적이요, '악의 축'이라고 비난받았던 이라크다. 미국이 1991년 이 나라에 엄청난 공습을 감행했을 때 1만 5,000km²에 이르던 자지라 습지대는 대부분 파괴돼 50km²밖에 남지 않게 되었다. 물론 세계 최초의 문명이 생겨난 곳이라는 자존심도 함께 사라져 버렸다. 그토록 위대한 고대 문명을 물려받은 이라크가 어쩌다가 200여 년이란 짧은 역사를 가진 미국으로부터 그토록 심한 비난과 조롱을 받게 되었을까?

지구상에 이라크라는 나라가 등장한 것은 1932년의 일이다. 바빌로니아가 이란의 아케메네스 왕조Achaemenes Dynasty, 기원전 559~330에 정복당한 뒤로 자지라 지역은 오랫동안 외세의 지배를 받았다. 11세기 중반 이후에는 셀주크 제국·몽골·티무르 왕조의 지배를 받았으며, 1534년부터 1차 세계대전에 이르기까지 약 400년간은 오스만제국*에 속해

＊**공중 정원과 바벨탑** 기원전 500년경 신(新)바빌로니아의 네부카드네자르 2세가 왕비를 위해 건설한 것으로, 세계 7대 불가사의에 속한다. 실제로 공중에 떠 있는 것이 아니라 높이 솟아 있다는 뜻에서 붙여진 이름이다. 바벨탑은 『구약성서』 「창세기」의 11장에 나오는 탑으로, 노아의 대홍수가 지나간 뒤 그 후손들이 신에게 대적하기 위해 쌓은 것이라고 한다.
＊**오스만제국** 14세기 비잔틴제국의 쇠퇴로부터 1922년 터키 공화국이 건설될 때까지 지속되었던 아나톨리아의 투르크족이 세운 제국.

있는 한 주였다.

공습으로 무너진 건물과 미군의 모습.

그 뒤에는 이 지역을 침략한 영국의 위임통치*를 받다가 이에 반대하는 독립 운동이 일어나, 마침내 1932년 파이살 1세Faisall, 1885~1933를 국왕으로 하는 이라크 왕국으로 독립할 수 있었다. 그리고 1958년 카셈A.k. Kassem, 1914~1963 장군이 이끄는 청년 장교들이 왕정을 타도하고 공화정을 수립하여 오늘에 이르고 있다.

그러나 이 지역을 식민지로 삼아 다스렸던 영국과 현대 세계의 경찰국가*를 자처하는 미국은 이라크에서 완전히 손을 떼지 않았다. 그래서 이라크와 같은 아랍 민족인 팔레스타인의 땅에 이스라엘이 비집고 들어가는 것을 묵인했다. 그 결과 미국과 영국이 이라크를 비롯한 아랍 국가들과 충돌하리라는 것은 불을 보듯 뻔한 일이었다. 그뿐 아니라 이 지역에서 대량의 석유가 발견되자 그 이권을 차지하려는 간섭의 손길을 뻗쳐 왔다.

이런 강대국의 개입 때문에 서아시아는 '세계의 화약고'라고 불릴 만큼 전쟁과 소요를 안고 살았고, 이스라엘과 미국, 서유럽을 상대로 한 테러 조직을 끊임없이 배출했다. 1979년부터 집권한 사담 후세인1937~2006 이라크 대통령은 아랍 세계의 맹주를 노리고 이란 침공1980, 쿠

* **위임통치** 일정한 지역이나 나라에 대해 한 나라 또는 여러 나라가 국제적인 합의에 의해 맡아서 다스리는 것.
* **경찰국가** 통치권자가 경찰권을 마음대로 행사하여 국민 생활을 감시하고 통제하는 국가.

미군의 공습으로 폐허가 된 이라크 수도 바그다드.

웨이트 침공[1990] 등 강경 정책을 펼쳐, 이 지역에 개입하기 위한 구실을 찾는 미국과 영국의 좋은 표적이 되었다. 1991년의 페르시아 만 전쟁*과 지금도 계속되는 이라크 전쟁은 인류 최초의 문명이 일어난 땅을 문명 이전의 상태로 몰고 갔다.

이라크와 여러 아랍 국가들이 독립한 뒤 미국과 유럽이 이 지역의 문제를 이 지역 사람들에게 맡겨두고 떠났다면, 이처럼 커다란 전쟁이 몇 년에 한 번씩 되풀이되지는 않았을 것이다. 그것도 인류 최고[最古]의 유적지를 파괴하는 사태까지 벌이면서 말이다. 또 위대한 고대 문명의 후예들을 반문명적인 '테러리스트'로만 보는 일도 없었을 것이다.

---

* **페르시아 만 전쟁** 걸프전으로 더 유명한 이 전쟁은 이라크의 쿠웨이트 침탈(侵奪)이 계기가 되어, 미국·영국·프랑스 등 33개 다국적군이 이라크를 상대로 페르시아 만을 무대로 전개했다. 걸프(gulf)는 영어로 '만'이라는 뜻으로, 걸프전을 풀이하면 '만에서 일어난 전쟁'이라는 뜻이 돼 잘못된 표현이다.

노르웨이

러시아

에스토니아

아일랜드 영국 네덜란드 독일 폴란드 리투아니아 벨로루시

벨기에 체코 슬로바키아 우크라이나

프랑스 스위스 헝가리 루마니아 카자흐스탄 몽골

이탈리아 불가리아 우즈베키스탄 키르기스스탄

포르투갈 에스파냐 그리스 터키 투르크메니스탄 타지키스탄 중국

모로코 튀니지 레바논 시리아 아프가니스탄

이스라엘 이라크 이란 파키스탄 네팔 부탄

예루살렘 요르단

알제리 리비아 이집트 사우디아라비아 방글라데시

오만 아랍에미리트 인도 미얀마 라오스 대

모리타니 니제르 예멘 타이 베트남

말리 차드 수단 캄보디아

세네갈 부르키나파소 지부티 브루나이

기니 베냉 중앙아프리카 말레이시아

사우 카메룬 소말리아 싱가포르

라리온 토고 공화국 우간다 게냐

이베리아 적도기니 가봉 콩고 인도네시아

코트디부아르 공화국 탄자니아

콩고민주공화국

앙골라 잠비아 말라위 마다가스카르

짐바브웨

나미비아 모잠비크

모차나

스외 남아프리카공화국 레소

분리장벽으로 나뉘어 있는 예루살렘 시가지 모습.

종교의 성지와 종교의 화약고

예루살렘의 어제와 오늘

이스라엘의 수도 예루살렘은 크게 구舊시가지와 신新시가지로 구분되어 있다. 이 중 여행객이나 순례객이 가장 많이 방문하는 구시가지는 이슬람 지구, 크리스트교 지구, 유대교 지구 등으로 나뉘어 있다. 이렇게 한 나라 안에, 그것도 한 도시 안에 서로 다른 종교가 모여 있기도 쉽지 않을 듯하다. 게다가 이곳은 오랜 종교 분쟁으로 감정이 상할 대로 상한지라 한시도 조용할 날이 없다. '세계 종교의 각축장'인 예루살렘의 어제와 오늘에 대해 살펴보자.

유대교, 크리스트교, 이슬람교의 심상치 않은 만남

유구한 역사와 다양한 종교가 묘한 조화를 이루고 있는 신비로운 도시, 예루살렘. 이곳은 세계적으로 많은 종교인들이 찾는 성지 중의 하나다. 유대교 신자들은 로마가 파괴한 성전인 '통곡의 벽Wailing Wall'을 찾아가서는 그동안의 울분을 터뜨린다. 반면 크리스트교 신자들은 예수 그리스도Jesus Christ, 기원전 4?~기원후 30가 십자가에 못 박힌 장소인 '갈바리아Calvaria 언덕'을 힘겹게 올라, 예수의 기념 묘가 있는 '무덤 교회Church of the Holy Sepulcher'에서 기도를 드린다. 한편 이슬람 신자들은 무하

유대교·이슬람교·크리스트교 3대 종교 성지인 예루 살렘 통곡의 벽과 바위사원 등 주요 사적지.

마드[570?~632]가 승천한 '바위의 돔'을 찾아 참배한다.

이렇게 세 종교 모두가 성지로 여기는 예루살렘은 오늘날 이 스라엘의 수도다. 한 도시 안에 세 종교가 모여 있기도 어려울 텐데, 신도들이 제각각 자신의 성지에서 참배하고 있는 모습은 참으로 평화롭고 성스럽기 이를 데 없다. 세상 모든 사람들이 이 들처럼만 지낸다면 이 지구상에 '전쟁'이라는 단어는 흔적도 없 이 사라지지 않을까.

그러나 여기에서 한 발자국만 내딛으면 핏자국 선연한 전쟁 과 테러의 땅이 모습을 드러낸다. 수천 년 동안 유대인과 서아시 아인, 그리고 유럽인들의 끊임없는 싸움이 이곳 예루살렘에서 벌어졌 다. 그리고 그 싸움은 여전히 계속되고 있을 뿐 아니라, 오히려 주변 지역으로 확대되어 급기야 전 세계로 퍼져 나가고 있다.

● 고향을 등져야 하는 사람들

19세기 영국의 시인이자 비평가인 아널드[Matthew Arnold, 1822~1888]는 유럽의 정신적 원류로 헬레니즘과 헤브라이즘을 꼽았다. 헬레니즘이

라마단 기간에 예루살렘에 모여든 이슬람교도들.

란 고대 그리스에서 시작되어, 그리스·페르시아·인 도에 이르는 대제국을 건설한 알렉산드로스대왕 [Alexandros the Great, 기원전 356~323] 대(代)에 이르러 완성된 고대 문명으로, 그리스 문화에 동양 문화가 녹아 있 는 양상을 띤다. 이에 비해 헤브라이즘은 이스라엘 에서 시작되어 크리스트교 세계가 계승하고 순화시 킨 문명을 가리킨다. 한마디로 헬레니즘이 다채로 운 인문주의적 태도를 지녔다면, 헤브라이즘은 엄

숙한 종교적 태도를 취하고 있다.

　그렇다면 동서양의 문화를 하나로 융합시킨 헬레니즘의 어원은 무엇일까? 이 말은 '말하다, 그리스인처럼 행동하다' 라는 뜻의 그리스어 'hellenizein' 에서 유래했다. 그렇다면 헤브라이즘은? 그것은 '히브리인의 사상·주의主義' 등으로 해석되는데, 여기서 '히브리인' 은 고대 이집트에서 천한 일에 종사하던 이민족을 가리킨다. 그들은 고대 이집트 왕 파라오의 지배하에 온갖 궂은일을 도맡아 하며 비천하게 살았다. 그러던 어느 날 혜성과 같은 영웅이 나타났으니, 그의 이름은 모세였다. 모세는 '젖과 꿀이 흐르는 약속의 땅' 으로 안내하겠다며 히브리인들을 이끌고 이집트를 탈출했다. 그는 홍해를 갈라 그 사이를 빠져나가는 기적을 연출하고, 시나이 산에서 야훼에게 십계명을 받은 다음, 산전수전 끝에 마침내 '약속의 땅' 가나안에 도착했다. 그것이 기원전 13세기 무렵의 일이다.

자신들의 권익보호를 주장하며 예루살렘 거리에서 시위를 벌이는 유대 교인들.

　이렇게 해서 가나안에 정착하게 된 히브리인이 바로 오늘날 이스라엘 사람들의 조상인 유대인으로, 그들이 도착한 가나안 역시 오늘날 이스라엘 땅이다. 그런데 당시 가나안 땅에는 '가나안 족속' 이라 불리는 사람들이 살고 있었다. 가나안으로 옮겨 온 유대인은 이 사람들에 연연하지 않고 그 땅에 '평화의 도시' 라는 뜻의 '우루살림', 곧 오늘날의 '예루살렘' 을 건설했다. 그리고는 이스라엘이 팔레스타인 사람들에게 그랬던 것처럼 서서히 가나안 족속을 밀어내기 시작했다.

　그러나 남의 땅에 들어가 그 자리를 차지했던 유대인에게는 자신이 밀어낸 가나안 족속과 똑같은 운

나귀를 타고 예루살렘에 입성하는 예수.

명이 기다리고 있었다. 기원전 586년 신바빌로니아의 네부카드네자르 2세^{기원전 ?~562}가 예루살렘을 파괴하고 그 시민들을 바빌론으로 끌고 간 것이다. 이탈리아 작곡가 베르디^{Giuseppe Verdi, 1813~1901}의 오페라 〈나부코〉에 나오는 '히브리 노예들의 합창'과 4인조 팝 그룹 '보니 엠'이 부른 〈바빌론의 강〉은 바로 이 시기 유대인의 시련을 다룬 노래들이다.

그 뒤 유대인은 예루살렘으로 돌아갔지만 파괴와 시련의 역사는 여기서 끝나지 않았다. 이어지는 알렉산드로스제국과 로마제국의 지배에서 압제와 파괴의 역사는 그치지 않았고, 유대인은 세계 곳곳으로 흩어져 이방인으로 살아갈 수밖에 없었다. 특히 유럽에 머물던 유대인에게 가해진 박해와 차별은 더욱 심했다. 하지만 그들은 언젠가 예루살렘으로 돌아갈 그날을 꿈꾸며 굳건한 신앙심으로 온갖 핍박을 견뎌 냈다.

한 손에는 코란, 한 손에는 지즈야

유대인이 떠나 버린 예루살렘은 크리스트교의 도시가 되었다. 본래 이곳이 예수가 십자가에 못 박혀 죽은 성지이기도 했지만, 그보다는 이 땅을 지배하던 로마제국이 크리스트교를 받아들이기로 했기 때문이다. 313년 크리스트교를 공인한 로마 황제 콘스탄티누스 1세^{Constantinus I, 274~337}는 예수의 무덤 자리에 교회를 세우는 정성을 보이기도 했다.

예루살렘의 크리스트교 시대는 약 300년간 이어지다가 614년 사

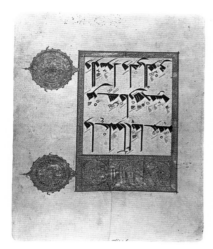

황금잎으로 장식된 코란.

산왕조페르시아*가 이곳을 점령하면서 막을 내렸고, 그로부터 불과 20여 년 뒤 이 도시는 이슬람교를 믿는 아라비아인의 손에 넘어갔다.

우리는 이슬람 제국 하면 '한 손에는 코란, 한 손에는 칼'이라는 살벌한 말을 떠올린다. 이 말은 이슬람 제국이 정복한 땅의 주민들에게 이슬람 경전인 코란을 받들고 개종하든지 아니면 목숨을 내놓으라며 칼을 겨누었으리라는 인상을 풍긴다. 그러나 이것은 그다지 정확한 표현이 아니다. 이슬람교도 유대교나 크리스트교처럼 오직 하나의 신만을 신봉하긴 했지만, 남들에게 이렇게까지 무자비한 종교는 아니었다. 정복한 땅일지라도 그곳 사람들에게 새 종교를 강요하지는 않았다. 특히 유대교도와 크리스트교도에 대해서는 그들의 신앙을 존중해 주었다. 그 대신 '지즈야'라는 인두세(人頭稅)*를 물도록 했다. 그러니까 '한 손에는 코란, 한 손에는 칼'이라는 말은 '한 손에는 코란, 한 손에는 지즈야'로 고쳐야 한다.

십자군의 잔인함을 보여주는 그림.

이러한 이슬람 제국의 종교 정책은 예루살렘에서도 그대로 적용되었다. 그 덕에 이 땅의 크리스트교도와 이슬람교도는 자신의 성지에서 존중받으며 평화롭게 공존할 수 있었다. 그러나 딱 한 번 예외가 있었다. 이 한 번의 예외적인 사건이 역사상 가장 추악한 전쟁 중 하나를 불러일으켰다.

11세기 벽두에 이집트 파티마왕조*의 칼리프

* **사산왕조페르시아** 아르다시르 1세가 208~224에 세워 651년 멸망한 고대 이란 왕조.
* **인두세(人頭稅)** 성별·신분·소득 등에 관계없이 성인이 된 사람에게 일률적으로 부과하는 세금.
* **파티마왕조** 북아프리카에서 이집트·시리아까지 지배한 이슬람 왕조로, 909년에서 1171년까지 지속되었음.

알 하킴^{Al-Hakim, 985~1021?}이 예수의 묘를 비롯한 몇몇 크리스트교 성지를 파괴한 것이다. 그 당시 파티마왕조를 압박하고 있던 동로마제국의 황제는 이 사실을 서유럽의 크리스트교 '형제'들에게 알렸고, 이 형제 나라들은 "성지 예루살렘을 되찾자!"는 구호 아래 대대적인 원정에 나섰다. 이것이 1099년부터 200년 넘게 계속되었던 십자군 전쟁이다.

십자군 전쟁은 봉건제 아래 나뉘어 있던 서유럽 사람들이 '우리는 같은 크리스트교도'라는 공감대를 확인하는 계기가 되었다. 또한 이탈리아의 베네치아 상인들이 군수품 납품으로 떼돈을 버는 기회가 되기도 했다. 그러나 유럽의 크리스트교 세계와 북아프리카-서아시아의 이슬람 세계 사이에 씻을 수 없는 원한 관계를 만들어 놓았다는 것만으로도 이 전쟁은 역사상 최악의 범죄라고 하지 않을 수 없다.

예루살렘의 오늘

분쟁에 포위된 신성한 도시

십자군 전쟁 뒤 예루살렘은 1,200년 넘게 이슬람 세계로 남아 있었다. 1516년부터 이곳의 주인이 된 오스만제국은 1차 세계대전 때까지만 해도 세력을 유지하고 있었다. 그 덕에 오스만제국이 다스리는 예루살렘 일대에는 아랍인인 팔레스타인 사람들이 살 수 있었다.

그런데 1차 세계대전 중이던 1917년 영국 외무 장관 밸푸어^{Arthur James Balfour, 1848~1930}가 깜짝 놀랄 만한 선언을 했다. 옛 이스라엘에서 쫓겨난 유대인이 다시 고향으로 돌아가 나라를 건설하겠다면 이를 지지하겠다는 내용이었다. 고향을 떠나 남의 땅에서 온갖 고초를 겪고 있던 유대인에게는 가뭄 끝의 단비 같은 소식이겠지만, 오랫동안 이곳에서 삶의 터전을 가꾸어 온 팔레스타인 사람들에게는 날벼락이나 다름없었다.

독립기념일을 자축하는 이스라엘 젊은이들.

영국이 1차 세계대전에서 오스만제국을 격퇴하고 팔레스타인을 위임통치하면서부터 유대인은 조금씩 고향으로 돌아오기 시작했다. 그러다가 2차 세계대전이 터지고 독일 나치스의 무자비한 만행이 시작되자, 유럽에 머물던 유대인은 귀향을 서둘렀다. 그리고 옛날 가나안 족속에게 그랬듯이 팔레스타인 사람들을 쫓아내고 그 위에 이스라엘을 세웠다. 하지만 하루아침에 보금자리를 빼앗긴 팔레스타인의 저항이 없을 수 없는 노릇이었다. 오늘날까지도 이러한 분쟁과 파괴는 그칠 줄 모르고 있다.

유대인은 마치 영화 속의 '터미네이터' 처럼 "나는 돌아온다 I will be back."고 외치며 떠났다가 "나는 돌아왔다 I am back."고 외치며 다시 나타났다. 영화는 그것으로 끝났지만 예루살렘을 둘러싼 수천 년에 걸친 살육전은 여전히 계속되고 있다. 예루살렘이 신성한 종교의 도시에 어울리는 평화를 되찾을 때, 지구상에도 진정한 평화가 깃들 것이다.

이집트 여신 이시스.

12 문명의 고향과 세계의 화약고

이집트와 서아시아의 어제와 오늘

인류의 4대 문명 중 이집트문명과 '메소포타미아' 문명은 '오리엔트' 라고 불리는 지역에서 탄생했다. 따뜻한 기후 조건, 농사짓기에 알맞은 큰 강을 끼고 있다는 지리적 이점 때문에 일찍부터 문명이 발달할 수 있었다. 그러나 오늘날 이곳은 문명의 중심지가 아니라 후진 지역으로 취급받으며, 이라크 전쟁 등 크고 작은 분쟁이 끊이지 않아 국제사회를 긴장시키고 있다.

해 뜨는 동쪽, 오리엔트

인류 최초의 문명이 발생한 이집트와 서아시아 지역을 아울러 '오리엔트Orient' 라고 부른다. 이 말은 '해 뜨는 동쪽' 이라는 뜻의 라틴어 '오리엔스Oriens' 에서 비롯되었다. 서아시아와 이집트 고대 문명의 계승자인 그리스와 로마의 입장에서 보면, 이들 고대 문명의 발상지는 대개 동쪽에 자리 잡고 있다.

오리엔트문명은 그리스와 로마 문명의 젖줄이었기 때문에, 고대에 오리엔트, 곧 '동방' 이라는 말은 신성하고 우월한 문명 지대를 가리키는 말이었다. 그러나 로마제국이 지중해 일대와 오리엔트를 통일한

중세 아랍 상인들이 이용했던 돛배.

뒤 '동방'은 점차 후진 지역의 대명사로 바뀌어 갔다. 중세 들어 서유럽의 크리스트교와 적대 관계에 있는 이슬람교가 오리엔트 지역에서 탄생하자, '동방' 오리엔트와 '서방' 유럽은 같은 하늘 아래에서 살아갈 수 없는 적으로 바뀌어 갔다.

더 나아가 유럽과 미국 사람들에게 오리엔트는 인도와 중국, 우리나라까지 포함하여 자기네 동쪽에 있는 모든 지역을 가리키는 말이 되었다. 이때에도 오리엔트가 후진 지역, 인류 문명의 변방을 상징하는 것은 물론이다. 우리나라도 이런 유럽과 미국 사람들의 관점을 받아들여, 세계사를 동양사와 서양사로 구분할 때 고대 오리엔트 지역의 역사를 동양사에 포함시키는 경향이 있다.

그러나 동아시아에 있는 우리의 관점에서 보면, 고대 오리엔트 지역과 그리스·로마, 유럽은 모두 서방 세계다. 지리적으로 서쪽에 있다는 사실을 떠나 역사와 문명의 성격으로 보아도 그들끼리는 동질적인 요소가 많지만, 우리는 그들과 무척 다르기 때문이다. 그렇다면 비슷한 점이 많은 고대 오리엔트 세계와 유럽이 서로 미워하는 사이가 된 이유는 무엇일까?

고대 그리스인의 오리엔트 콤플렉스

그리스신화에는 이오^{Io}라는 여인이 등장한다. 그녀가 그리스 최고의 신 제우스^{Zeus}의 총애를 받자, 그의 아내이자 최고 여신인 헤라^{Hera}는 그녀를 박해한다. 이오는 헤라의 괴롭힘을 견디지 못하고 머나먼 이

중세 아랍에서 제작된 세계지도(12세기).

집트 땅으로 도망가 그곳에서 제우스의 아이를 낳았는데, 이 아이가 이집트인의 조상인 에파포스^{Epaphos}다. 그리고 이오는 이집트의 여신인 이시스^{Isis}와 동일시되었고, 나중에 그녀의 후손인 다나오스^{Danaos}가 50명의 딸들을 데리고 그리스로 돌아와 이오의 혈통을 이어 갔다고 한다.

이 이야기에 따르면 찬란한 고대 이집트문명을 세운 주역들의 선조는 그리스 여인 이오다. 하지만 아마도 그것은 사실이 아닐 것이다. 이집트의 나일 강 연안 삼각주에 농경을 기반으로 하는 고대 문명이 들어선 것은 기원전 3000년경의 일이다. 그보다 약간 앞섰으리라고 추측되는 이라크의 수메르문명*과 함께 인류 역사상 가장 오래된 문명 중 하나다. 그런데 그리스 남부 에게 해 일대에서 이들 오리엔트문명을 닮은 청동기 문명이 나타난 것은 아무리 길게 잡아도 기원전 2500년의 일이다. 에게문명이라 불리는 이 문명은 오리엔트문명의 영향을 받아 형성된 것이다. 그리스 본토는 그 뒤로도 오랫동안 문명의 세례를 받지 못한 지역으로 남아 있었다. 따라서 오리엔트와 그리스, 로마를 포함하는 고대 지중해 세계에서 그리스, 로마 지역은 오리엔트 지역에 비하면 변방의 후진 지역에 불과했다.

그렇다면 그리스인이 굳이 이오 신화를 만들어내면서까지 이집트와 그리스의 공동 조상인 그리스 여인을 상상했던 이유는 무엇일까? 그 대답은 아무래도 고대 그리스인이 이집트를 비롯한 오리엔트 지역

＊수메르문명 기원전 3500경에 탄생한 인류 최초의 문명으로, 티그리스 강과 유프라테스 강 사이인 메소포타미아 지역의 가장 남쪽에서 발달했다. 이후 이 지역에 아카드문명(기원전 2450~2350) 등이 발달하자, 이것을 통틀어 메소포타미아문명이라고 부른다.

에 대해 가지고 있던 콤플렉스에서 찾을 수밖에 없다.

서유럽 문명의 뿌리로 여겨지는 고대 그리스문명은 고대 오리엔
트문명의 영향을 받아 탄생했다. 서유럽 문화와 예술의 원천이라고 일
컬어지는 그리스신화는 원래 이집트와 수메르 등지에서 수입되어 변
형되고 가공된 것이다. 신화뿐 아니라 여러 가지 문화 요소가 오리엔
트에서 그리스로 흘러들어갔고, 그리스인은 끊임없이 오리엔트문명을
동경했다. 그리하여 현실에서 극복할 수 없었던 오리엔트문명에 대한
열등의식을 이오 신화로 만회하려 했던 것이 아닐까?

오리엔트에서 떨어져 나온 유럽

고대 오리엔트문명을 일군 북아프리카와 서아시아 여러 국가는 각
기 자신의 고유문자를 가지고 있었다. 이집트의 상형문자와 수메르의
쐐기문자*가 대표적인 예다. 상대적으로 고립된 지대에서 독자적인 발
전을 거듭한 이집트와 달리 수메르 지역은 동서로 개방된 지형 때문에
끊임없이 정치적·문화적 변동을 겪었다. 그에 따라 쐐기문자도 많은
변화를 겪었다. 오랜 기간 쐐기 모양을 유지하던 이 지역의 문자는 서
서히 선 모양으로 변해 갔고, 그것이 그리스 남부의 크레타 섬에서 탄
생한 크레타문명 기원전 3000~1100년경에도 영향을 미쳤다.

그런데 기원전 17~15세기경, 오리엔트에서는 문자의 획기적인
혁신이 이루어졌다. 불과 스무 개 남짓한 기
호로 이 세상의 모든 사물을 표현할 수 있

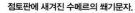
점토판에 새겨진 수메르의 쐐기문자.

***쐐기문자** 그림문자에서 생겨났으며, 점토 위에 갈대나 금속으로 만
든 펜으로 새겨 썼기 때문에 문자의 형태가 쐐기를 닮았다. '설형문
자'라고도 한다.

호메로스 흉상(왼쪽).

는 알파벳이 만들어진 것이다. 현재 남아 있는 알파벳의 가장 오래된 형태는 오늘날의 레바논과 시리아에 해당하는 고대 페니키아 지역에서 발견되었는데, 기원전 11세기에 만들어진 것으로 추정된다.

페니키아아인은 상업의 귀재였고, 오리엔트 문물을 그리스에 전파하는 데도 큰 몫을 했다. 그들이 그리스에 전해 준 알파벳은 고대 그리스의 시인인 호메로스^{기원전 800?~750}의 『일리아스』·『오디세이아』* 등 주옥같은 영웅 서사시와 독자적인 고대 그리스문명을 탄생시킨 주역이 되었다.

그리스신화에 보면 페니키아 공주인 에우로페에 대한 이야기가 나온다. 에우로페가 페니키아의 해변을 거닐다가 아름다운 소를 발견했다. 그 아름다움에 이끌려 소의 등에 올라탔더니 소가 날아올라 에우로페를 태우고 크레타로 갔다. 이 소는 제우스로 변해 에우로페^{Europ}와 사랑을 나누었고 그 사이에서 아들이 태어났다. 이때 태어난 아이가 크레타문명의 주역으로 알려진 미노스^{Minos} 왕이다.

이오 신화가 오리엔트에 대한 그리스인의 콤플렉스를 보상받으려 한 것이었다면, 에우로페 신화는 오리엔트와 구별되는 독자적 문명을 건설한 그리스인의 자신감을 담고 있다. 에우로페의 영어 이름도 'Europe', 곧 오늘날의 유럽이다. 이 신화를 통해 그리스인은 자신들이 오리엔트와는 구별되는 새로운 대륙, 곧 낡은 아시아가 아닌 새로운 유럽임을 은근히 과시하려고 하지 않았을까?

이오 신화(왼쪽)와 그리스신화에 등장하는 에우로페.

* 『일리아스(Ilias)』·『오디세이아(Odysseia)』 『일리아스』와 『오디세이아』는 고대 그리스의 시인 호메로스가 지은 것으로 알려진 대서사시로, 트로이전쟁을 소재로 하고 있다. 먼저, 『일리아스』는 그리스 군의 10년간에 걸친 트로이 공격 중 마지막 해에 일어난 사건들을 노래하고 있다. 그리고 『오디세이아』는 트로이전쟁이 끝난 뒤 오디세우스가 부하들과 함께 고향 이타케 섬으로 돌아오기까지의 고난에 찬 여정을 다루고 있다.

유럽이 그린 현대 오리엔트 지도

고대에서 현대로 눈을 돌리면, 서유럽문명의 모태가 된 그리스가 오리엔트에 대해 느끼던 콤플렉스가 완전히 역전되었음을 알 수 있다. 오늘날 그리스의 적자嫡子인 서유럽과 미국은 선진국이고, 고대 오리엔트 지역에 자리 잡은 아랍 국가들은 후진성을 면치 못하고 있다.

그런데 이들 아랍 국가들이 서유럽과 미국, 특히 미국에 대해 느끼는 것은 콤플렉스가 아니라 적개심이다. 그 적개심의 뿌리는 19세기 말 제국주의 시대로 거슬러 올라간다. 당시 고대 오리엔트 지역은 오늘날의 터키에 해당하는 오스만제국의 통치를 받고 있었다. 서유럽과 미국의 제국주의 열강은 식민지 확대 경쟁을 벌이면서 앞 다투어 오스만제국의 영역을 나눠 갖기 시작했다. 이때 알제리·모로코 등 북아프리카 지역에는 프랑스가, 이란·이라크 등 서아시아 지역에는 영국이 주로 진출했다. 그 당시 영국은 오스만제국의 지배를 받던 아랍 민족의 독립운동을 지원하면서 고대 오리엔트 지역에 아랍 민족의 단일국가를 세운다는 구상을 지지했다.

그러나 영국은 약속을 지키지 않았다. 북아프리카와 서아시아의 아랍 민족은 서로 다른 여러 나라로 나뉘어 독립했다. 이들이 같은 민족임을 표방하며 만든 아랍연맹에 가입한 국가의 수가 20여 개라는 것만 보아도 그들이 얼마나 분열됐는지 짐작할 수 있다. 이들 나라의 국경선을 보면 왠지 자연스럽지 못하고 인위적으로 자로 잰 듯이 구획됐다는 느낌을 준다. 그것은 서유럽 국가들이 오스만제국으로부터 이 지역을 넘겨받아 지배할 때 편의적으로 구획을 나눈 것이 그대로 국경선이 되었기 때문이다.

그런 상태로나마 독립이 이루어졌다고는 하지만, 이라크 전쟁에서

Aljazeera
Exclusive

خاص
الجزيرة

미국의 침공에 대비해 군사훈련을 하고 있는 아랍의 전사들.

보듯이 서유럽과 미국은 오리엔트 지역에 대한 간섭의 손길을 늦추지 않고 있다. 게다가 영국의 지원을 받아 아랍 국가들 사이를 비집고 들어온 이스라엘은 이 지역에서 끊임없는 분쟁의 불씨를 만들어 내고 있다.

찬란한 고대 문명의 발상지였던 오리엔트 지역은 자신의 젖을 먹고 자란 유럽 문명으로부터 이처럼 결코 우호적이라 할 수 없는 대접을 받아왔다. 그 결과 세계의 화약고로 전락한 오늘날의 오리엔트 상황은 세계가 앞으로 풀어 나가야 할 역사적 과제 중 하나이다.

©김경호

레바논 시돈에서 발견된 알렉산드로스대왕의 대리석 석관.

지중해의 잊혀진 주인공

카르타고의 어제와 오늘

흔히 로마를 '영광의 도시'라 말한다. 고대 지중해 세계를 지배한 대제국의 수도로 역사에 우뚝 섰기 때문이다. 그런데 이 영광의 도시는 지중해의 패권을 장악하기 위해 아프리카의 고대 도시 카르타고와 싸워 이겨야 했다. 로마 못지않은 군사력과 경제력을 자랑하던 카르타고가 조금만 더 힘을 냈다면, 어쩌면 영광의 도시는 로마가 아니라 카르타고가 되었을지도 모른다.

비 극 적 인 영 웅 , 한 니 발

세계 전쟁사에는 알프스산맥을 넘는 고된 여정을 견뎌내며 힘겨운 전투를 치른 장군이 두 명 있다. 한 명은 19세기에 오스트리아 군을 대파한 나폴레옹 1세^{Napolon I, 1769~1821}*고, 다른 한 명은 그보다 2,000년이나 앞서 알프스산맥을 넘은 아프리카의 장군 한니발^{기원전 247~183?}이다.

* **나폴레옹 1세(Napolon I, 1769~1821)** 나폴레옹 1세는 1799년 11월에 제1통령으로 임명되자, 혁명 이후의 안정을 지향하며 군사독재를 실시했다. 그 과정에서 국정을 정비하고 법전을 편찬했으며, 1800년 군대를 이끌고 알프스산맥을 넘어가 오스트리아와 결전을 치렀다.

성벽에 새겨진 한니발 군대의 모습.

로마를 공격하기 위해 진군 중이던 한니발 군대는 프랑스와 에스파냐 양국의 국경을 이루는 피레네산맥을 넘느라 지칠 대로 지쳐 버렸다. 그런 군사들을 향해 한니발은 알프스산맥 앞에서 열변을 토했다.

"고국으로 돌아가고 싶은 자는 가거라. 나와 생사를 같이하기로 결심한 자는 저 산을 넘는다!"

그리고 코끼리 떼에 전쟁 물자를 싣고 보병 5만 명, 기병 9천 명과 더불어 북망산*과도 같은 알프스를 넘기 시작했다. 허리까지 쌓이는 눈, 코끼리의 무게를 이기지 못하고 무너져 내리는 빙벽, 저승사자처럼 다가오는 혹독한 추위를 무릅쓰며 10여 일 만에 알프스를 넘었지만, 병사는 절반으로 줄어 있었다. 그러나 사기충천한 군대를 이끌고 한니발은 칸나이라는 남이탈리아 들판에서 로마군을 대파했다. 이러한 한니발의 무용담은 널리 알려져 있다. 하지만 그가 태어난 아프리카의 카르타고가 어떤 곳이며, 지금의 어디인지, 그리고 그의 군대가 로마와 벌인 '한니발 전쟁'이 역사책에서는 왜 '포에니 전쟁'*이라 불리는지에 관해서는 아는 사람도, 관심을 갖는 사람도 거의 없다.

세계 역사책에는 이 전쟁에서 최후로 승리한 쪽은 한니발의 카르타고가 아니라 로마라고 기록되어 있다. 로마는 이 전쟁으로 지중해 세계의 패권을 잡고 제국으로 성장하는 발판을 마련했다고 한다. 그래서 최후의 승자였던 로마는 직계 후손인 이탈리아는 물론 전 유럽, 나

은화 속에 그려진 한니발.

* 북망산 중국 허난 성(河南省) 뤄양(洛陽)에 있는 산. 예부터 제왕·귀인·명사들의 무덤이 많아, '무덤이 많은 곳' 또는 '사람이 죽어서 묻히는 곳'을 가리키는 말로 쓰임.
* 포에니 전쟁 지중해 해상권을 둘러싸고 포에니의 식민지였던 카르타고와 로마 사이에서 벌어진 세 차례의 전쟁 (기원전 264~146)을 말한다. 특히 제2차 포에니 전쟁(기원전 218~201)을 가리켜 '한니발 전쟁'이라고도 한다. 기원전 3세기 초 로마는 이탈리아 반도를 통일하면서 경제활동의 범위가 눈에 띄게 커졌다. 그 뒤 로마는 지중해 해상권을 놓고 카르타고와 다투는 세 차례의 포에니 전쟁을 승리로 이끌어 지중해의 패권을 장악했고, 동방으로 세력을 뻗어 나갈 수 있었다.

아가 전 세계가 기억하고 있다. 그러나 카르타고에 관해서는 오늘날 그 지역에 살고 있는 사람들조차 잊어버린 지 오래다. 오직 비극적인 영웅 한니발만을 기억하고 있을 뿐이다.

새로운 도시, 카르타고

고대로 거슬러 올라가면 지금의 튀니지와 레바논을 근거지로 활동한 고대 종족을 찾아볼 수 있다. 그들은 로마제국이 생겨나기 전부터 지중해를 무대로 무역 활동을 하면서 서아시아의 발달된 고대 문명을 세계 곳곳에 퍼뜨리는 역할을 했다. 오늘날 전 세계에서 가장 많이 쓰이는 문자인 알파벳을 발명하기도 했다. 이 종족이 바로 '페니키아인' 이다. 이집트와 이라크 등지에서 발생한 고대 문명은 이들을 통해 그리스, 로마 등 유럽 문명의 선조들에게 전해졌다.

페니키아인의 근거지는 오늘날 레바논에 속하는 두 도시 티레와 시돈 등지였다. 해상무역의 귀재였던 페니키아인은 지중해 연안 곳곳에 식민 도시를 건설했는데, 그중 하나가 오늘날의 튀니지에 자리 잡은 카르타고였다. 페니키아인은 이곳을 '새로운 도시' 를 뜻하는 '콰르트 하다쉬트' 라 불렀고, 이 이름은 그리스로 넘어가서 '칼케돈' 으로 변했으며, 다시 로마로 넘어가서는 '카르타고' 로 바뀌었다. 카르타고는 페니키아인의 도시였으므로, 로마인은 카르타고 사람들을 가리켜 '페니키아인' 이라는 뜻의 '포에니' 라 불렀다.

카르타고와 로마는 기원전 8세기의 비슷한 시기에 건설되어 나란히 성장했다. 각자 주변 세력과 많은 전쟁을 벌였지만, 둘 사이에는 일종의 평화협정이 맺어져 직접적인 충돌은 없었다. 기원전 4세기, 한때 지중해를 석권했던 마케도니아의 알렉산드로스대왕 Alexandros the Great, 기원

^{전 356-323}이 죽자, 다시금 이곳은 절대 강자가 없는 '전국시대'로 접어들었다. 지중해 세계의 떠오르는 두 강자, 카르타고와 로마 사이에는 바야흐로 피할 수 없는 운명의 결전이 다가오고 있었다.

하나의 지중해에 두 주인은 없다

처음에는 사이좋게 번영의 길을 걷던 두 도시는 기원전 3세기 중엽, 마침내 충돌하게 된다. 충돌 지점은 오늘날 세계적인 범죄 조직 마피아의 근거지로 유명한 시칠리아 섬이었다. 그곳에는 그리스 식민 도시 메사나가 자리 잡고 있었는데, 그곳의 지배권을 두고 두 도시 사이에 쟁탈전이 벌어졌다. 결국 이 전쟁은 로마 군의 승리로 돌아갔고, 카르타고 군은 메사나에서 철수할 수밖에 없었다. 그 뒤 로마 군은 전세를 몰아 아프리카 해안까지 쳐들어갔지만 그곳에서 카르타고의 반격을 받아 처참하게 무너졌다. 그사이 다시 기력을 회복한 카르타고는 시칠

카르타고와 로마가 싸웠던 시칠리아 섬의 모습.

리아 섬을 확보하기 위해 반격했으나, 로마 군의 등등한 기세를 막을 수는 없었다. 카르타고는 무조건 항복하고 시칠리아를 완전히 로마에 넘겨주었다.

그러나 전쟁이 이렇게 끝나기에는 두 도시의 야심이 너무나 컸다. 아니, 역사의 신^神은 이미 두 도시 중 하나에 지중해 전체의 패권을 맡기기로 결심하고 있었던 것 같다. 그러자면 둘 중 하나는 이 세계에서 완전히 사라져야 했다. 그런 사생결단의 각오로 다시 전쟁을 시작한 사람이 바로 알프스의 영웅 한니발이었다. 그는 위

대한 장군이었던 아버지를 이어 카르타고를 이끌게 되었다. 이 야심 만만한 카르타고의 새 지도자는 오늘날 에스파냐와 포르투갈이 자리 잡은 이베리아반도를 공격하여 차지하고, 이곳을 거점으로 로마를 공략하기 시작했다. 에스파냐 쪽의 피레네산맥과 알프스산맥을 잇따라 넘어 이탈리아반도로 들어간 한니발은 파죽지세*로 로마 군을 무찔렀다. 아마 여기서 한니발이 조금만 더 분발했더라면 고대 서양을 지배한 제국은 로마가 아니라 카르타고였을지도 모른다. 그러나 로마는 끈질겼다. 막강한 한니발 군의 공세를 게릴라 전법으로 견뎌 낸 로마 군은 차츰 반격에 나섰고 마침내 역전에 성공했다. 한니발이 본토로 철수한 사이 로마의 장군 스키피오는 이베리아반도를 빼앗고, 그 여세를 몰아 카르타고까지 쳐들어가 항복을 받아 냈다. 한니발은 페니키아인의 본거지인 시리아로 피신해 재기를 꾀했으나 다시는 일어설 수 없었다.

이 전쟁으로 카르타고는 모든 해외 식민지를 잃고 더 이상 로마의 적수가 될 수 없는 처지가 되고 말았다. 그러나 로마는 카르타고가 지상에서 사라지기 전에는 로마의 미래도 없다는 판단을 하고 있었다. 그리하여 기원전 149년 자신들과는 아무런 이해관계도 없던, 카르타고와 이웃 나라인 누미디아와의 전쟁*에 끼어들어 카르타고를 공격했다. 그로부터 3년 만에 카르타고는 로마의 포위 공격을 견디지 못하고 잿더미로 변했다. 항복도 소용없었다. 로마는 카르타고를 철저히 파괴하고 그곳을 '아프리카'라는 이름의 속주屬州로 만들었다.

---

* **파죽지세** '대나무가 결을 따라 쪼개질 때와 같은 형세'라는 뜻으로, 감히 대적할 수 없을 정도로 막힘없이 무찔러 나아가는 맹렬한 기세를 말함.
* **누미디아와의 전쟁** 제2차 포에니 전쟁에서 패한 카르타고는 많은 영토를 잃고 로마에 거액의 보상금을 지급해야 했다. 그뿐 아니라 군대를 동원하려면 로마의 허가를 받아야 했는데, 이를 안 누미디아의 왕은 이때를 틈타 카르타고를 침범했다. 카르타고는 로마의 개전(開戰) 허가를 받지 못한 채 누미디아에 선전포고를 했고, 로마는 이것이 위법이라며 카르타고를 멸망시켰다.

사 라 져 버 린 사 람 들

한니발 장군의 카르타고와 스키피오^{Publius Cornelius Scipio, 기원전 ?~211}
장군의 로마가 패권을 놓고 싸운 지중해는 아시아·유럽·아프리카 세
대륙이 만나는 곳이다. 포에니 전쟁은 이 아름다운 바다를 배경으로
벌어진, 인류 역사상 가장 의미심장하면서도 가장 허무했던 전쟁이었
다. 그렇다면 카르타고는 그 후 어떻게 되었으며, 카르타고의 본국이
던 페니키아는 또 어떻게 되었을까?

카르타고는 오늘날 북아프리카의 튀니지에 해당하고, 페니키아는
서아시아의 레바논과 시리아에 해당한다. 튀니지와 레바논은 지중해
에 맞닿아 있는 여러 나라 가운데서도 가장 작은 축에 든다. 이 두 나

튀니지 지역의 지중해 전경.

라는 서로 다른 대륙에 속해 있지만 많은 공통점을 가지고 있다. 먼저 둘 다 지중해의 유명한 휴양지면서, 같은 아랍어를 쓰고, 이슬람교를 신봉하는 형제 국가다. 다음으로 그들은 모두 프랑스의 지배를 받다가 독립했고, 그전에는 다 같이 오스만제국의 세력권에 있었다. 또 오스만제국이 있기 전에는 함께 로마제국의 지배를 받았다. 그뿐 아니라 통치 국가가 로마제국에서 오스만제국으로 바뀌는 과정에서 크리스트교 문화를 받아들였다가 이슬람교로 개종했다는 점도 같다.

그런데 카르타고는 이 나라들에서도 잊혀진 역사에 속한다. 카르타고라는 지명은 남았지만 로마와 싸웠던 카르타고 사람들의 후예는 찾아볼 수 없다. 알프스를 넘었던 한니발의 한이 '민족적 의분'을 일으키는 곳은 오늘날 지상 어디에도 없다.

튀니지와 레바논은 옛 식민 모국인 프랑스나, 끊임없이 이슬람 세계를 긴장시키는 미국과 편치 않은 관계에 놓여 있다. 그러나 이러한 긴장 관계도 옛 카르타고의 역사와는 아무런 관계가 없다. 한마디로 오늘날 카르타고는 없다.

만약 그 옛날 어떤 우연한 계기로 카르타고가 전쟁에서 승리했다면, 오늘날 로마의 땅은 어떤 모습을 하고 있을까?

레바논 남부 항구도시 티레.

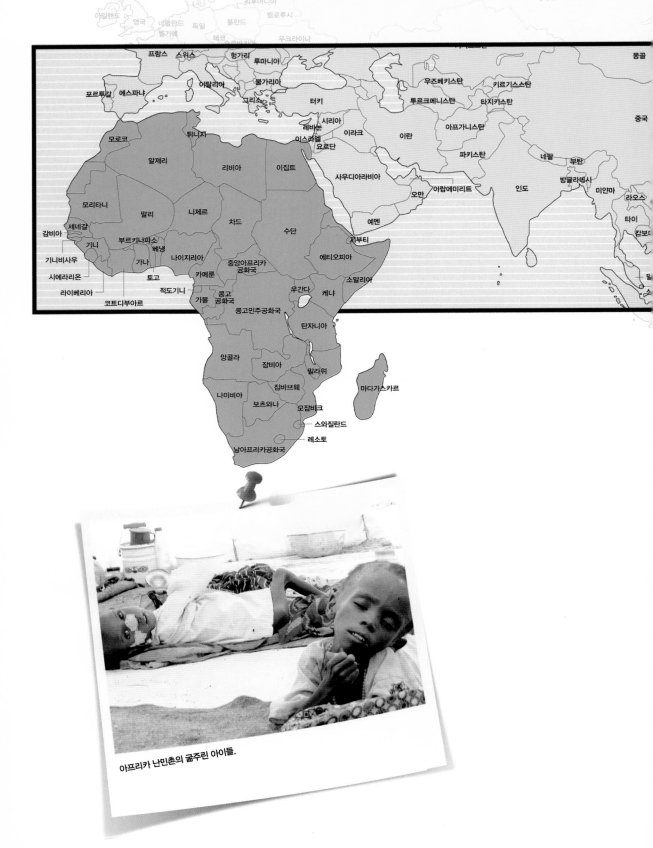

프랑스 스위스 헝가리 루마니아
포르투갈 에스파냐 이탈리아 불가리아
고리스 터키
모로코 튀니지 레바논 시리아 우즈베키스탄 키르기스스탄
이스라엘 이라크 투르크메니스탄 타지키스탄
알제리 리비아 이집트 요르단 이란 아프가니스탄
파키스탄 네팔 부탄
모리타니 사우디아라비아 아랍에미리트 인도 방글라데시
말리 니제르 오만 미얀마
감비아 차드 수단 예멘 라오스
세네갈 지부티 타이
부르키나파소 캄보디아
기니 베냉 에티오피아
기니비사우 가나 나이지리아 중앙아프리카공화국 소말리아
시에라리온 토고 카메룬 우간다 케냐
라이베리아 적도기니 콩고 공화국
코트디부아르 가봉 콩고민주공화국 탄자니아
앙골라 잠비아 말라위
나미비아 짐바브웨 마다가스카르
보츠와나 모잠비크
스와질란드
레소토
남아프리카공화국

몽골

중국

러시아

아프리카 난민촌의 굶주린 아이들.

14 인류의 발상지와 인류 양심의 실험대

아프리카의 어제와 오늘

오늘날 아프리카는 인류가 감추고 싶은 온갖 약점을 한꺼번에 간직한 듯 어두운 이미지에 휩싸여 있다. 앙상하게 뼈만 남은 아이들이 에이즈에 걸려 죽어 가는 기아와 역병의 대륙, 선진국에서 흘러들어온 무기를 들고 종족 간, 정치 세력 간에 학살을 일삼는 살육의 대륙……. 세계화 시대를 맞아 인류의 공동 번영을 외치는 구호가 넘쳐나고 있지만, 아프리카의 참상 앞에서는 그 모든 구호가 헛된 거짓말일 뿐이다. 인류에게 지상에서의 삶을 최초로 허락한 대륙은 오늘날 인류 양심의 실험대가 되어 모든 현대 인류에게 묻고 있다. 너희가 정녕 다른 동물과 구분되는 하나의 종(種)이더냐?

모 든 것 은 아 프 리 카 에 서 시 작 되 었 다

누군가는 300만 년 전이라고 하고 누군가는 400만 년 전이라고 한다. 최초의 인류가 나타난 역사적 사건에 대한 엇갈린 주장이다. 그러나 공통점은 있다. 한결같이 그 장소가 아프리카라는 것이다. 지금까지 발굴된 유골로 보면 최초의 인류는 아프리카에서 두 발로 딛고 서며 오늘날에 이르는 대장정을 시작했다. 학계에서 주류를 이루는 주장에 따르면 이렇게 아프리카에서 태어난 인류는 훗날 서서히 전 세계로 퍼져 나갔다고 한다. 그리고 우리나라에는 대체로 70만 년 전쯤 들

어와 살기 시작했다고 한다.

1978년에 발견된 우리나라의 전곡리 구석기 유적은 세계 고고학계의 이목을 끈 중요한 유적이다. 그동안 동아시아의 구석기시대 유적에서는 나오지 않았던 주먹도끼라는 돌 도구가 출토되었기 때문이다.

주먹도끼의 정식 명칭은 양면 핵석기. 돌의 양쪽 면을 때려내어 가공한 석기로, 구석기 중에서는 비교적 발달한 도구였다. 끄트머리 양쪽으로 뾰족하고 날카로운 날이 있어 찍고 베고 자르는 일을 다 할 수 있었다. 그래서 고고학자들은 주먹도끼를 일컬어 '구석기시대의 맥가이버 칼'이라고 말하기도 했다. 한때 인기를 끌었던 텔레비전 연속극에서 만능 첩보원으로 나오는 맥가이버에 비겨 다용도 칼을 맥가이버 칼이라 부르기 때문이다.

이러한 주먹도끼를 만드는 방식을 가리켜 프랑스 고고학자 아슐의 이름을 따서 아슐리안 공작工作이라고 하는데, 전곡리 유적이 발굴되기 이전에는 주로 아프리카와 유럽에서 발견되었다고 한다. 전곡리 유적은 길게 잡아 20만 년 전까지 올라가는데, 아프리카에서 아슐리안 공작이 발견되는 유적은 무려 100만 년 전까지 소급된다.

아슐리안 공작이 등장하기 전까지 인류는 자갈돌 끝을 간단히 때려내어 만든 찍개를 주된 도구로 사용했다. 찍개는 아프리카 탄자니아의 올두바이 계곡에서 처음 발견되었기 때문에 올두바이 공작Olduvai Industry이라 불린다. 이러한 올두바이 공작은 자그마치 250만 년을 거슬러 올라가며, 당시 찍개를 만들어 쓴 원시 인류는 '손재주 있는 사람'을 뜻하는 '호모하빌리스Homo habilis'로 불린다.

구석기시대의 인류는 아프리카에서 찍개를 사용하기 시작했고, 150만 년쯤 흐른 뒤에 다시 아프리카에서 주먹도끼 단계로 나아갔던 것이다. 그런데 전곡리 유적의 발굴 이전 동아시아에서는 찍개만 나오고 주먹도끼는 나오지 않았다. 그래서 미국의 고고학자 모비우스

아슐리안형 주먹도끼.

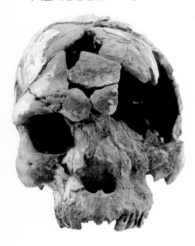

에티오피아에서 발견된 인류 직계 조상의 두개골. 16만 년 전 것으로 추정된다.

오스트랄로피테쿠스의 생활 모습을 재현한 그림.

는 세계의 전기 구석기 문화를 아프리카와 유럽의 주먹도끼 문화와 동아시아의 찍개 문화로 구분하기도 했다. 구석기시대만 보면 아프리카가 첨단의 선진 문화권이고 아시아는 한참 뒤진 후진 문화권이었다고 본 것이다.

전곡리 유적에서 주먹도끼가 발견되면서 모비우스의 구분법은 깨졌다. 그러나 도구 사용의 역사에서 아프리카가 다른 지역을 멀찌감치 앞서 갔다는 것은 아직까지 움직이지 않는 사실이다. 단지 도구 사용의 역사만이 아니다. 300만 년 전 이상으로 추정되는 최초의 인류 오스트랄로피테쿠스Australopithecus '남쪽의 원숭이' 라는 뜻의 탄생도 아프리카에서 일어났다.

그 뒤 인류 역사의 99%라는 장구한 구석기시대에 걸쳐 아프리카는 인류의 생존과 진화를 앞장서서 이루어냈다. 그리고 농사짓기와 함께 시작된 신석기시대의 혁명적인 변화에서도 아프리카 대륙은 세계의 다른 지역을 앞질러 갔다. 세계 최초의 문명 가운데 하나인 나일 강 유역의 이집트문명은 선사시대 아프리카 인류의 대장정이 맺은 열매였다. 인류의 탄생부터 고대 문명의 발상까지 모든 것은 아프리카에서 시작되었던 것이다.

자 기 땅 에 서 유 배 당 한 사 람 들

고대 이집트 제국이 그리스의 알렉산드로스대왕에게 무너진 뒤에 전개된 아프리카 역사에 대해 우리는 거의 알지 못한다. 카르타고라는 강국이 북아프리카에 있었다는 정도, 그리고 이집트와 그 이웃^{리비아, 튀니지, 알제리 등 지중해 연안 지역}들이 중세 들어 이슬람 제국의 일원이 되었다는 정도가 고작이다. 그나마 이들은 모두 사하라사막 이북에 있는 북아프리카 지역이다. 이곳에는 이슬람교를 일으킨 아랍인이 많이 진출했기 때문에 주민들의 피부색도 사하라사막 이남의 아프리카 사람들과는 다르다.

아프리카 내륙의 역사는 사람들의 피부색만큼이나 검은 장막에 가려져 있다. 유럽인의 발길이 닿기 시작한 15세기 이후에나 조금씩 우리 눈앞에 보일 뿐이다. 그때까지 아프리카는 말 그대로 암흑 천지였을 것 같다는 인상이 우리를 지배하고 있다.

그러나 세계의 역사를 유럽 중심으로 보는 시선에서 벗어나 보면, 아프리카의 고대와 중세에도 찬란한 전통을 가진 문명국가들이 있었다는 것을 알 수 있다. 무엇보다 우리 귀에 가장 익은 나라는 에티오피아. 아프리카뿐 아니라 세계 어느 곳에서도 유례가 드문 3,000년 역사를 가꿔 왔으며 지금도 건재한 나라이다. 고대에 서아시아로부터 지금의 에티오피아 고원 일대로 이주한 사람들은 독특한 크리스트교 문화를 이룩하고 악숨^{Axum*} 제국이라는 강대한 나라를 건설하여 일대를 호령했다. 중세에는 이슬람 세력, 근대에는 서구 세력이 아프리카로 밀려들어왔지만 에티오피아는 한 번도 독립을 잃지 않고 정통을 이어왔다. 그만큼 에티오피아는 아프리카에서 특별한 지위를 누리고 있다.

중세에는 가나 왕국, 말리 제국, 송가이 제국 등이 잇따라 일어나 동서 아프리카에 몇 개의 종속국을 거느리고 번영을 누렸다. 에

악숨 제국의 영광을 엿볼 수 있는 오벨리스크.

＊**악숨 제국** 기원전 1000년 전 아라비아반도의 남쪽에 살던 당시 시바 왕국 주민이 홍해를 건너와 원주민과 섞여 살다 세운 나라.

목화밭에서 일하는 흑인 노예들.

티오피아가 서아시아계 이민들이 세운 나라인 반면, 이들은 이른바 아프리카 '토종' 흑인들이 세운 강대국이라는 데 의의가 있다. 이 가운데 말리 제국은 15세기 전반에 중국 명나라와 교역을 하면서 명나라 황제인 영락제에게 기린을 선물하기도 했다. 15, 16세기에 아프리카로 진출한 포르투갈 선원들의 기록에 따르면, 아프리카의 여러 나라들은 유럽과는 이질적이었지만 모두 훌륭한 정치체제와 뛰어난 문화를 가지고 있었다고 한다.

그러나 아프리카의 독자적 발전은 17세기로 접어들면서 사실상 중단되고 만다. 죽음을 파는 유럽 상인들이 몰고 온 노예무역선 때문이었다. 당시 아프리카로 진출한 유럽인은 아프리카 내륙으로 들어가 식민지를 건설하려는 생각은 하지 않았다. 그들은 아메리카 대륙과 아시아 등지에서 필요로 하는 노예들을 아프리카에서 찾아다 팔 생각만 했다.

노예사냥은 유럽인의 몫이 아니었다. 그들은 서아프리카 해안에 성채를 짓고 그 안에 살면서 아프리카 사람들에게 일정한 대가를 주고 노예를 잡아오도록 했다. 아프리카의 여러 부족은 힘들여 일하지 않고도 다른 부족을 노예로 팔아넘기기만 하면 먹고살 수 있게 되었

서아프리카 아이티를 식민 지배한 프랑스는 흑인들을 노예로 부리며, 설탕, 커피, 면화 등을 수출해 막대한 이익을 얻었다.

다. 그리하여 아프리카 원주민끼리 서로를 노예로 잡아 유럽 상인들에게 넘기려는 싸움이 곳곳에서 벌어졌다. 아프리카는 점점 더 황폐한 땅으로 변모해 갔고, 아프리카 사람들은 천성이 야만적이고 잔인하다는 전설이 만들어져 유럽 세계로 퍼져 나갔다. 이것이 17~18세기 그 악명 높은 노예사냥의 실상이었다.

아프리카 사람들은 조상 대대로 살아오던 바로 그 자리에서 서로 싸우고 유럽의 노예상인에게 서로를 노예로 팔아먹는 비참한 존재로 전락했다. 아프리카는 더 이상 그들의 삶의 터전이 아니었다. 아프리카는 유럽과 미국에서 온 노예상인들의 금밭이 되어 갔고, 아프리카 사람들에게는 자기가 태어난 땅이 유배지나 되는 것처럼 낯설고 무서운 곳이 되어 버렸다.

아프리카의 오늘

아프리카의 해방은 인류의 해방

18세기 말엽으로 치달으면서 아프리카의 사정은 달라지기 시작했다. 이곳을 노예 사냥터로 만들어 버린 유럽과 미국의 사정이 달라졌기 때문이다. 미국이 영국으로부터 독립하여 공화제 국가를 선포했고, 프랑스에서 혁명이 일어나 왕정이 무너지고 공화정이 출범했다. 자유와 인권을 지향하는 움직임 속에 노예제도를 비판하는 소리도 높아 갔다. 그에 따라 자연히 노예무역도 비판을 받고 사양길에 접어들었다.

아프리카에서 생사람을 잡아다가 아메리카의 금광에서 노예로 무자비하게 부려먹는 일은 줄어들었다. 인권 의식에 눈뜬 유럽과 미국

난민들에게 식량을 배급하는 모습.

사람들은 흑인 노예를 해방시키고 그들을 다시 아프리카로 돌려보내 자유롭게 살도록 하자는 캠페인을 벌였다. 영국은 1788년 아프리카협회를 결성하여 아프리카 시에라리온에 해방 노예를 이주시켜 그들만의 자유로운 도시 '프리타운'을 건설하려 했다. 1807년에는 노예무역을 금지했다. 미국의 식민협회는 노예를 사들여 아프리카로 이주시키고 1822년 그곳에 '라이베리아'라는 노예들만의 자유국가를 세워 주었다. 프랑스도 1849년 세네갈 지역에 '리브르빌'이라는 노예들의 자유도시를 세웠다.

그러나 이처럼 자비로운 백인들의 노력은 그 의도가 어디에 있었든 간에 결코 아프리카 흑인의 자유와 해방에 이바지하지 못했다. '자유의 나라' 라이베리아 국민들은 결코 자유롭지 못했다. 해방 노예 출신들이 현지 흑인들을 노예처럼 부리며 사는 또 다른 억압 상태가 생겨났다. 나아가 프리타운이든 라이베리아든 리브르빌이든 하나같이 유럽과 미국의 새로운 아프리카 침략 정책에 전진기지로 봉사할 운명에 놓여 있었다.

19세기에 새롭게 펼쳐진 유럽과 미국의 아프리카 정책은 노예를 사고파는 대신 아프리카 전역을 직접적인 식민지로 만드는 것이었다. 그래서 영국, 미국, 프랑스뿐 아니라 독일도 앞 다투어 아프리카 식민 경영에 뛰어들었다. '자유의 도시'들은 억압의 전초기지가 되었고, 아프리카 곳곳에서 유럽 국가들끼리 치열한 영토 쟁탈전이 벌어졌다. 1884년 독일은 이들 경쟁국을 베를린으로 불러들여 광대한 아프리카를 분할하는 역사적 회의를 열었다. 이러한 '땅따먹기' 경쟁의 끄트머리에서 발생한 것이 1차 세계대전이었다. 아프리카는 원주민들의 의

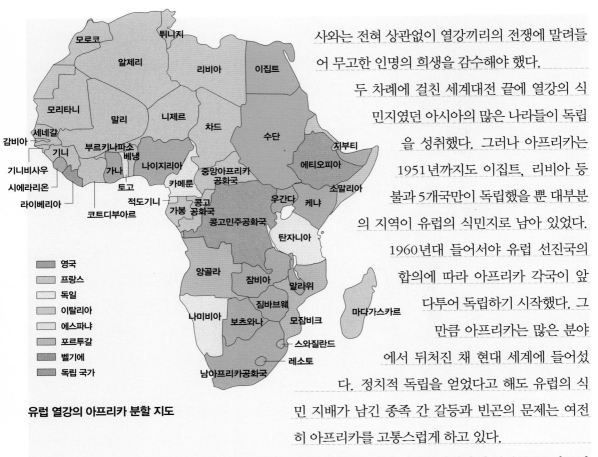

유럽 열강의 아프리카 분할 지도

지도 내 국가명:
모로코 / 튀니지 / 알제리 / 리비아 / 이집트 / 모리타니 / 말리 / 니제르 / 차드 / 수단 / 세네갈 / 감비아 / 기니 / 부르키나파소 / 베냉 / 지부티 / 기니비사우 / 가나 / 나이지리아 / 중앙아프리카공화국 / 에티오피아 / 시에라리온 / 토고 / 카메룬 / 소말리아 / 라이베리아 / 적도기니 / 콩고공화국 / 우간다 / 케냐 / 코트디부아르 / 가봉 / 콩고민주공화국 / 탄자니아 / 앙골라 / 잠비아 / 말라위 / 짐바브웨 / 마다가스카르 / 나미비아 / 보츠와나 / 모잠비크 / 스와질란드 / 레소토 / 남아프리카공화국

범례:
영국 / 프랑스 / 독일 / 이탈리아 / 에스파냐 / 포르투갈 / 벨기에 / 독립 국가

사와는 전혀 상관없이 열강끼리의 전쟁에 말려들어 무고한 인명의 희생을 감수해야 했다.

두 차례에 걸친 세계대전 끝에 열강의 식민지였던 아시아의 많은 나라들이 독립을 성취했다. 그러나 아프리카는 1951년까지도 이집트, 리비아 등 불과 5개국만이 독립했을 뿐 대부분의 지역이 유럽의 식민지로 남아 있었다. 1960년대 들어서야 유럽 선진국의 합의에 따라 아프리카 각국이 앞다투어 독립하기 시작했다. 그만큼 아프리카는 많은 분야에서 뒤처진 채 현대 세계에 들어섰다. 정치적 독립을 얻었다고 해도 유럽의 식민 지배가 남긴 종족 간 갈등과 빈곤의 문제는 여전히 아프리카를 고통스럽게 하고 있다.

오늘날 아프리카는 에티오피아 아디스아바바에 본부를 둔 아프리카연합을 통해 하나의 국가로 합치려는 지향을 보이고 있다. 유럽연합EU이 그 모델이지만, 그 배경에는 오랜 식민지 경험 속에 싹터 온 '범아프리카주의'가 자리 잡고 있다. 모든 아프리카인은 장구한 전통과 역사적 경험을 함께하는 공동 운명체라는 것이다. 그러나 아프리카에 대한 미국과 유럽의 오랜 이해관계, 이들 열강의 분할 지배를 받으며 생긴 종족 간, 국가 간 이질감과 갈등은 아프리카 연합의 미래를 낙관할 수 없게 한다.

인류의 발상지 아프리카가 고도로 발달한 현대 문명의 뒤안길에서 분열과 빈곤으로 고통받고 있다는 것은 인류 전체의 수치이다. 억

분쟁이 끊이지 않는 아프리카 대륙.

압과 불평등으로 고통받는 이 세상의 수많은 인류와 더불어 아프리카 사람들이 해방되는 그날이 오기 전에는 인류가 하나의 종種으로 진화했다고 결코 말할 수 없을 것이다.

유럽과 아메리카

문명의 변경에서
세계 문명의 중심으로

3

서아시아와 북아프리카에서 고대 문명이 일어날 때 유럽은 그 변두리에 불과했다. 이슬람 세계와 동아시아가 중세 문명을 꽃피울 때 유럽은 신의 품에 조용히 안겨 있었다. 그런 대륙이 근대 이후 무섭게 일어나 미국과 함께 오늘의 세계 문명을 창조했다. 그 과정에서 유럽과 미국이 퍼뜨린 식민 지배와 살육의 바이러스는 그들이 인류를 위해 제거해야 할 공공의 적이다.

셀주크 시대에 대상들이 숙소로 쓰던 터키의 하란 신전.

15 신화에서 역사로

트로이의 어제와 오늘

드넓게 펼쳐진 평야와 에게 해海의 푸른빛이 묘한 조화를 이루는 고즈넉한 유적 도시, 트로이. 3,000여 년 전 이곳은 찬란한 문명이 꽃핀 아름다운 도시였지만, 전쟁과 지진이 계속되면서 땅속에 묻혔다. 그리고 그 도시의 역사는 신화가 되어 버렸다. 그러나 호메로스 서사시에 등장하는 영웅들의 존재를 굳게 믿었던 사람들에 의해 트로이는 다시 역사로 살아나게 되었다.

신화와 현실을 넘나드는 트로이

기원전 1200년 무렵, 고대 그리스의 여러 도시국가가 연합군을 편성하여 바다 건너 터키 땅의 트로이로 쳐들어갔다. 이렇게 시작된 트로이전쟁의 무대는 두 군데였다.

그중 하나는 그리스인의 마음속이다. 그리스 신화에서 가장 유명하고 극적인 사건을 꼽으라면 트로이전쟁일 것이다. 고대 그리스 최고의 시인 호메로스²⁻²는 이 전쟁을 소재로 서사시 『일리아스』와 『오디세이아』를 남겼다. 그리고 고대 로마의 시인 베르길리우스P. Vergilius

바위에 새겨진 트로이 전사 모습.

Maro, 기원전 70~19도 이 전쟁을 모티프motif*로 삼아 『아이네이스Aeneis*』라는 건국 서사시를 지었다. 그 뒤 고대 그리스와 로마는 근대 서양 문명의 어머니가 되었고, 트로이전쟁은 역사 속에서 그 어떤 사건보다도 서양 사람들의 정신세계에 큰 영향을 미친 신화적 사건이 되었다.

트로이전쟁이 일어난 또 다른 장소는 실재實在의 지리적·역사적 장소인 터키의 히살리크Hissarlik 언덕이다. 오랫동안 트로이전쟁은 장엄한 신화적 사건으로 여겨졌고, 트로이 역시 고대인의 마음속에만 있는 신화적 장소로 남아 있었다. 이 같은 신화 속의 장소가 실존實存하는 역사 상의 유적으로 빛을 보게 된 것은 1871년, 독일의 아마추어 고고학자

---

* **모티프(motif)** 문학이나 예술 작품에서 표현이나 창작의 동기, 또는 동기가 되는 중심 사상.
* **『아이네이스(Aeneis)』** '아이네아스의 노래'라는 뜻으로, 모두 12권으로 되어 있다. 트로이의 영웅 아이네아스는 부하들을 이끌고 폐허가 된 트로이를 빠져나온다. 그는 죽은 아내의 말을 좇아 각지를 방랑하다가 천신만고 끝에 라비니움이라는 도시를 건설하여 로마제국의 기초를 세우게 된다. 로마 건국의 역사를 신화의 영웅과 결부시키려는 웅대한 구상이 돋보이는 대서사시다.

슐리만^{H. Schliemann, 1822~1890}에 의해서였다. 호메로스 서사시에서 '일리오스'로 등장하는 바로 그 장소에서 실제로 고대 도시의 유적이 발굴되었던 것이다. 그리하여 트로이전쟁은 단지 신화 속에만 존재하는 이야기가 아니라 실제로 있었던 사건일 개연성^{蓋然性 어떤 일이 일어날 수 있는 확실성의 정도}이 매우 높아졌다.

● 트 로 이 전 쟁 이 란 무 엇 인 가

오늘날의 터키와 그리스는 에게 해^{Aegean海}를 사이에 두고 서로 마주하는 반도^{半島} 국가다. 그 가운데 터키의 에게 해 근방에 자리 잡고 있던 도시국가 트로이는 기원전 1200년 무렵 마지막 왕 프리아모스의 통치를 받으며 번영을 누리고 있었다. 이 나라의 왕자 파리스는 그리스의 도시국가였던 스파르타에서 왕비 헬레네를 유혹해 자신의 아내

트로이전쟁을 묘사한 그림과 트로이 목마상(오른쪽).

**파트로클로스를
치료하는 아킬레우스의
모습.**

로 삼았다. 아내를 빼앗긴 스파르타 왕 메넬라
오스는 그리스의 모든 도시국가들에게 트
로이로 쳐들어가자고 호소했다. 그 당
시 그리스의 여러 도시국가 가운데
가장 힘이 센 나라는 메넬라오스의
형 아가멤논이 다스리던 미케네였
다. 아가멤논은 그리스 도시국가들
의 군대를 모아 연합군을 편성하고
자신이 총사령관을 맡았다. 그러고 나
서 에게 해를 건너 트로이 정벌征伐에 나
섰다.

헬레네라는 한 여인 때문에 시작된 그리스 연
합군과 트로이 사이의 전쟁은 무려 10년을 끌었지만, 결국
전쟁은 트로이 군軍에 유리하게 전개되었다. 호메로스의 서사시에 등
장하는 두 주인공, 아킬레우스와 오디세우스가 아니었으면 그리스 원
정군은 본전도 찾지 못한 채 돌아서야 했을 것이다. 아킬레우스는 친
구 파트로클로스의 죽음을 목격하고는 미친 듯이 트로이 군을 몰아쳐
트로이 최고의 장군인 헥토르를 죽이는 전과戰果를 올렸다. 그러나 아
킬레우스 역시 트로이 왕자 파리스가 쏜 화살에 '아킬레스 힘줄'을 맞
아 숨을 거두고 말았다.

이때 위기에 빠진 그리스 군을 구한 것은 오디세우스의 꾀였다.
그는 거대한 목마를 만들어 트로이 성 앞에 놓아두고 군대를 철수시켰
다. 누가 보아도 그리스 군이 패배를 인정하고 선물로 목마를 바치면
서 물러간 것으로 여겨졌다. 트로이 사람들은 승리의 기쁨에 들떠 목
마를 성 안에 들여놓고 밤새도록 먹고 마시며 즐겼다. 그러나 목마 속
에는 오디세우스가 숨겨 놓은 그리스의 정예 병사들이 있었다. 그들은

트로이 병사들이 지쳐 잠든 틈을 타 목마 안에서 빠져나와 성문을 열고, 밖에서 기다리던 그리스 군을 불러들였다. 그리하여 트로이 성은 순식간에 아수라장으로 변했고 철저하게 파괴되었다. 이것이 고대 서사시에 기록된 트로이전쟁이다.

트로이전쟁 당시의 그리스와 터키

근대 독일의 철학자 헤겔G. W. F. Hegel, 1770~1831은 트로이전쟁을 중세 유럽의 십자군 전쟁*에 비유했다. 지역적으로 고립되어 있던 중세 유럽의 여러 나라들이 이슬람 세계와 전쟁을 치르기 위해 단합하면서 '하나의 유럽'이 되었듯이, 고대 그리스의 여러 도시국가들도 트로이전쟁을 계기로 '하나의 그리스'가 되었다는 것이다. 헤겔은 또한 프리아모스 왕의 전제專制 왕권 아래 일사불란一絲不亂하게 움직이는 '동방'의 트로이에 맞서, 아가멤논·아킬레우스·오디세우스 등 여러 영웅들이 각자 개성을 뽐내면서도 결국 승리를 이끌어 낸 그리스 정신이야말로 서구 문명의 정신적 바탕이라고 찬양했다.

그 옛날 트로이가 지금의 터키, 곧 아시아 대륙에 속해 있고, 그리스가 유럽 대륙에 있다는 점에서 헤겔의 말은 일리가 있는 것 같다. 그러나 실제로 트로이전쟁이 일어났을 것으로 짐작되는 시점의 에게 해일대를 살펴보면, 그의 말에 고개를 갸우뚱거리지 않을 수 없다.

트로이가 있었던 반도는 '소아시아'라고도 불리고 '아나톨리아'라고도 불린다. 이때 아나톨리아란 '태양이 떠오르는 곳', 곧 '동방東

---

*십자군 전쟁 11세기 말에서 13세기 말 사이에 서유럽의 크리스트교인들이 이교도(異教徒)인 이슬람교도들에게서 성지(聖地) 팔레스티나와 성도 예루살렘을 탈환하기 위해 8회에 걸쳐 감행한 전쟁이다. 이 전쟁으로 동방(東方)과의 교류가 활발해져 도시와 상업이 발달하고, 이탈리아의 시칠리아와 에스파냐 등을 통해 동방의 비잔틴 문명이 유입되었다.

方'의 땅'이라는 뜻이다. 헤겔이 트로이전쟁을 평가했을 당시에 '동방'
이라는 말은, 자유와 문명의 땅인 '서방西方'에 대비되는 전제와 야만
을 의미했다. 그러나 아나톨리아의 어원인 '아나톨레'라는 그리스어
에는 동방을 낮추어 보는 의미가 들어 있지 않았다. 오히려 '오리엔
트'라는 말이 그랬던 것처럼 '해가 뜨는 찬란한 문명의 땅'이라는 뜻
에 가까웠다.

또 트로이를 그리스의 여러 도시국가와 대조되는 '동방의 전제 국
가'로 보는 것도 역사적으로 맞지 않는다. 호메로스의 서사시에서 보
더라도 트로이는 다른 그리스 도시국가들과 똑같이 그리스신화를 믿
었고, 그들과 비슷한 문화적 특징을 보이고 있다. 프리아모스, 파리스
등 신화 속 인물을 부르는 호칭도 그리스 사람들과 다르지 않다. 베르
길리우스의 서사시 『아이네이스』는 트로이의 다른 왕자인 아이네아스
Aeneas가 전쟁이 끝난 다음 로마 건국에 기여했다는 내용을 담고 있다.
이것은 물론 사실이 아니다. 그러나 베르길리우스가 트로이를 동방의

**트로이로 추정되는 히살리크 언덕의
고대 유적.**

전제 국가로 여겼다면 그런 나라의 왕자를 로마제국과 연결지어 상상할 수는 없었을 것이다.

실제로 기원전 1200년 무렵의 그리스와 트로이는 똑같은 에게문명의 구성원이었다. 그 당시 그리스 사람들, 특히 이오니아인은 아나톨리아 반도의 에게 해 연안으로 건너가 여러 개의 식민 도시를 건설했다. 트로이 사람들은 그리스인과 전혀 다른 아시아인이 아니라, 그리스에서 건너간 사람들이거나 그들과 피가 섞인 사람들이었을 것이다. 그래서 그들은 서아시아 일대의 고대 오리엔트문명보다는 그리스에 가까운 '서방적인' 문명을 일구며 살았을 것으로 추측된다.

트로이의
오늘

오늘의 그리스와 터키

중세 이후의 역사에서 그리스와 터키는 철저한 앙숙이었다. 그리스는 오랫동안 터키의 전신前身인 오스만제국의 지배를 받았다. 근대 그리스의 역사는 오스만제국에 대한 저항의 역사였다고 해도 지나치지 않다. 그리스는 오스만제국의 지배에서 벗어나기 위해 19세기 말과 20세기 초 처절한 전쟁을 벌였으나 모두 패했다.

트로이가 지금의 터키 땅에 있었으니까, 오스만제국이 그리스를 지배하고 전쟁을 벌여 그 옛날 트로이의 원수를 갚은 것이라고 생각할 수도 있다. 그러나 지금의 그리스는 고대 그리스의 후예라 할 수 있지만, 오스만제국이나 지금의 터키는 옛날의 트로이와는 역사적·문화적으로 관련이 없다. 현재의 터키인은 중세에 중앙아시아에서 이주해 온 투르크족族의 직접적인 후예이다. 투르크족의 선조는 중국과 자웅雌雄을 다투던 흉노라는 설도 있다. 흉노를 부정적으로 그린 디즈니 만화영화 〈뮬란Mulan, 1998〉이 터키에서 상영 금지된 사례를 보면, 터키 사람

그리스 에게 해 모습.

들은 그 설說을 믿는 것 같다.

트로이가 있던 아나톨리아 반도의 에게 해 연안과 그리스가 같은 문화권을 유지한 것은 기원전 6세기에 고대 페르시아제국*이 이 반도를 점령할 때까지다. 물론 그 뒤로도 이곳의 나라들은 그리스의 식민 도시로 남아 있기도 했고, 알렉산드로스대왕Alxandros the Great, 기원전 356~323에 의해 그리스 중심의 헬레니즘Hellenism* 세계에 편입되기도 했다. 그러다가 현재 터키인의 조상이 이곳에 들어온 것은 11세기 셀주크제국* 때였다. 그 뒤를 이은 오스만제국은 한동안 이슬람 세계의 중심으로서, 그리스와 발칸반도, 서아시아 등을 호령했다.

그러다가 오스만제국이 점차 해체되면서, 슐리만은 터키 땅에 들어가 트로이의 고대 유적을 발굴하는 기회를 얻을 수 있었다. 그러나

---

*페르시아제국 기원전 550~330. 이란에 아케메네스 왕조를 세운 페르시아인이 지배한 고대 오리엔트의 대제국.
*헬레니즘(Hellenism) '말하다', '그리스인처럼 행동하다' 라는 뜻의 그리스어 'hellenizein'에서 유래한 말이다. 그리스 고유의 문화와 오리엔트(동양) 문화가 융합하여 세계성을 띤 문화·예술·사상·정신 등을 가리킨다.
*셀주크제국 11세기부터 13세기 초까지 있던 투르크족의 이슬람 국가로, 메소포타미아·시리아·팔레스타인 및 이란의 대부분을 포함하는 대제국을 형성했음.

앞에서 살펴본 것처럼 오늘날의 터키와 옛날 이곳에 있었던 트로이 사이에는 역사적으로 아무런 관련이 없다. 만약 트로이전쟁이 있었다고 해도 그것은 어디까지나 동일한 에게 문명권에 있었던 비슷한 도시국가들끼리의 다툼이었지, 유럽의 그리스와 아시아의 터키, 더 나아가 서방의 자유와 동방의 전제가 맞붙은 전쟁은 아니었다.

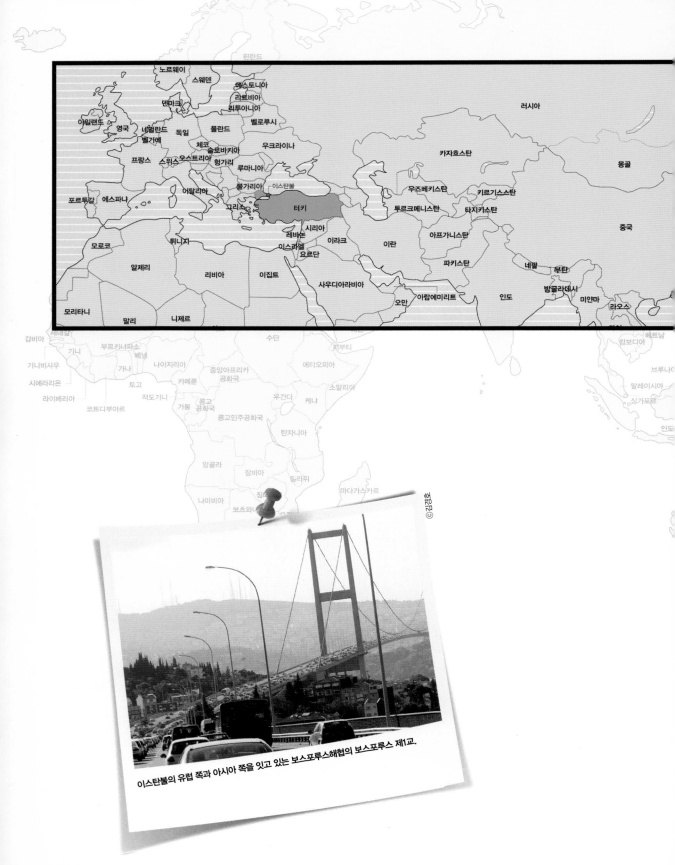

노르웨이
스웨덴
핀란드
덴마크
아일랜드
영국
네덜란드
벨기에
독일
폴란드
에스토니아
라트비아
리투아니아
벨로루시
러시아
프랑스
스위스 오스트리아
체코
슬로바키아
헝가리
우크라이나
루마니아
카자흐스탄
몽골
포르투갈
에스파냐
이탈리아
불가리아
이스탄불
그리스
터키
우즈베키스탄
키르기스스탄
투르크메니스탄
타지키스탄
중국
모로코
튀니지
레바논
이스라엘
요르단
이라크
이란
아프가니스탄
파키스탄
네팔
부탄
알제리
리비아
이집트
사우디아라비아
오만
아랍에미리트
인도
방글라데시
미얀마
라오스
모리타니
말리
니제르

©김경호

이스탄불의 유럽 쪽과 아시아 쪽을 잇고 있는 보스포루스해협의 보스포루스 제1교.

16

크리스트교의 성지와 이슬람교의 낙원

이스탄불의 어제와 오늘

그리스신화에 따르면 터키 최대의 도시인 이스탄불은 아폴론의 신탁에 따라 건설되었다고 한다. 동서양이 맞닿은 곳에 있는 데다가 흑해와 마르마라 해를 연결하는 보스포루스해협에 연해 있으니, '신이 내린 정치적·경제적 요충지'라고 하지 않을 수 없다. 그런 까닭에 오랜 세월 수많은 민족이 이 땅을 탐냈고, 여러 국가가 이곳에서 흥망성쇠를 거듭했다. 그 덕분에 좀체로 조용할 날이 없었던 이스탄불, 세계가 주목하는 이스탄불의 역사 속으로 들어가 보자.

유 럽 속 의 아 시 아 국 가 , 터 키

지난 2002년 한·일 월드컵에서 우리와 3·4위를 다툰 나라, 터키. 이변을 일으켜 4강까지 오른 우리가 3위 자리를 내주어야 했을 만큼 터키는 결코 만만한 상대가 아니었다. 세계가 인정하는 그들의 축구 실력을 생각한다면 당연한 결과인지도 모르겠다. 그런데 어찌된 일인지 월드컵 본선 진출 횟수를 따지면 터키가 우리보다 한 수 떨어진다. 그도 그럴 것이 축구 강국이 즐비한 유럽 대륙에 속해 있으니 지역 예선을 통과하는 것 자체가 결코 쉬운 일이 아니었을 것이다. 만약 터키

이스탄불에 있는 술라이마니야 모스크.

가 유럽이 아닌 아시아에 속해 있었다면 월드컵에서 두각을 나타낼 기회가 좀 더 많았을 것이다.

그렇다면 터키는 정말 유럽 나라일까? 유럽과 아시아 대륙에 걸쳐 있는 터키는 유럽보다는 아시아 쪽 영토가 훨씬 더 크다. 수도인 앙카라가 아시아 대륙의 소아시아 반도에 자리 잡고 있고, 크리스트교 문화권인 유럽과는 달리 국민 대부분이 이슬람교를 신봉하고 있다. 게다가 터키 사람들의 인종적 계통을 따져도 유럽인이 속한 코카시안 계통과는 많은 차이를 보인다.

그러나 터키는 자신의 정체성을 아시아가 아닌 유럽에서 찾으려 한다. 월드컵 본선 진출에 불리한데도 유럽축구연맹에 가입해 있고, 유럽 국가들의 공동 방위 체제인 북대서양조약기구NATO의 일원이며, 유럽의 정치·경제 공동체인 유럽연합EU에 가입하려고 애써 왔다. 그리하여 오늘날 터키는 매우 독특한 유럽 국가로 남아 있다.

유 럽 과   아 시 아 의   교 두 보 ,   이 스 탄 불

터키 제1의 도시 이스탄불Istanbul은 우리나라의 수도 서울과 여러 모로 비슷하다. 둘 다 오랜 역사와 전통을 가진 고도古都로서 시내 곳곳에 문화 유적지가 자리 잡고 있고, 오늘날까지도 경제와 문화의 중심지로 남아 있다. 서울을 가로지르는 한강은 멀리 삼국시대에는 고구

17세기 이스탄불의 모습.

려·백제·신라가 쟁탈전을 벌였던 곳이고 가까이는 1950년대 남·북한이 동족 간에 살육전을 벌였던 한국사의 중심지다. 그리고 이스탄불의 한가운데를 흐르는 보스포루스해협은 고대 그리스 시대부터 1·2차 세계대전 때까지 유럽과 아시아의 수많은 세력들이 얽히고설키던 세계사의 현장이었다.

크기로 보면 서울이 이스탄불보다 약간 크다. 인구도 서울이 이스탄불보다 조금 많지만, 전통과 역사를 따진다면 오히려 이스탄불이 서울을 능가한다고 볼 수 있다. 서울이 한국사의 주요 무대였다면 이스탄불은 세계사적으로 굵직한 자취를 남긴 동로마제국과 오스만제국의 수도로 군림해 왔기 때문이다. 그래서일까? 이스탄불은 도시 자체도 유럽과 아시아 두 대륙에 걸쳐 있다. 그렇다면 두 대륙을 품은 국제 도시 이스탄불에서는 지난 1,600년 동안 어떤 일이 일어났을까?

비잔티온에서 비잔티움으로

이스탄불에서 서쪽으로 눈을 돌리면 발칸반도*가 보이고, 그 아래에는 그리스가 자리 잡고 있다. 고대에는 이 일대가 하나의 문명권을 형성하고 있었는데, 그 이유는 고대 그리스 사람들이 종종 바다를 건너와 터키 서쪽 해안 일대에 '식민 도시'를 건설했기 때문이다.

그러나 당시의 식민 도시는 우리가 알고 있는 것과는 의미가 조금

* **발칸반도** 유럽 남부와 지중해 동부에 튀어나와 있는 삼각형 모양의 반도.

다르다. 그리스 말로 '아포이키아'라고 하는 식민 도시는 "고향을 떠나다."라는 뜻이다. 일본의 식민지였던 조선이 일제의 지배 아래 갖은 핍박을 받으면서 주권을 행사할 수 없었던 반면, 그리스의 아포이키아에 이주해 살았던 그리스 사람들은 그리스 본토와 분리되어 독립적인 도시를 꾸려 나갔다.

이스탄불도 이러한 식민 도시 가운데 하나로 '비잔티온'이라 불렸다. 고대 그리스는 '폴리스'라고 불리는 수많은 도시국가들로 이루어진 세계였고 비잔티온도 많은 폴리스 가운데 하나였다. 특히 비잔티온은 보스포루스해협을 통과하는 선박들로부터 통행세를 받았기 때문에 경제적으로 풍요로웠다. 보스포루스해협은 기껏해야 30km에 불과한 작은 해협이지만, 유럽과 아시아를 가르며 흑해와 마르마라 해를 연결하고 있으니 중요한 요지 중의 하나일 수밖에 없었다. 그 뒤 그리스가 몰락하고 로마가 남부 유럽과 서아시아를 잇는 지중해 지역의 패권을 장악하자, 비잔티온도 로마의 식민 도시가 되었고 이름도 로마식을 따라 '비잔티움'으로 바뀌었다.

비잔티움에서 콘스탄티노플로

이스탄불은 보스포루스해협을 사이에 두고 유럽과 아시아 지역으로 나뉘는데, 중요한 역사 유적은 대부분 유럽 쪽에 치우쳐 있다. 유럽 쪽의 땅은 다시 좁은 바다를 경계로 구시가지와 신시가지로 나뉘는데, 이름에서도 알 수 있는 것처럼 유서 깊은 건축물들은 구시가지에 많다. 특히 성소피아대성당은 이곳을 대표하는 건축물 중 하나이다.

대성당 안으로 들어가면 도시 곳곳에 있는 이슬람 사원과는 분위기가 사뭇 다르다. 모자이크 벽화와 스테인드글라스에는 옛 크리스트

성소피아대성당 천장에 그려진 '마리아와 예수' 모자이크화.

1204년 콘스탄티노플을 공격한 십자군.

교와 로마제국의 흔적이 고스란히 남아 있는데, 이런 풍의 그림과 건축 양식을 '비잔틴 양식'이라고 한다. 이스탄불의 옛 이름인 비잔티움에서 유래한 비잔틴은 5세기부터 한낱 식민 도시를 가리키는 이름에서 벗어나 좀 더 의미가 확대된다. 게르만족의 대이동으로 서로마제국이 멸망하자, 이 땅에 남은 동로마제국이 비잔틴을 중심으로 한 '비잔틴제국'으로 성장했기 때문이다. 이때부터 비잔틴 양식은 비잔틴제국의 건축과 미술 양식을 가리키는 말이 되었다.

그렇다면 옛 그리스의 식민 도시에서 출발한 비잔티움은 어떻게 고대 로마제국의 중심 도시로 성장했을까? 그리스를 계승한 로마제국은 점점 덩치가 커지면서 서서히 동서東西로 나뉘기 시작했는데, 서쪽의 중심지는 당연히 로마였고 동쪽의 중심지가 바로 비잔티움이었다. 313년에 크리스트교를 공인한 콘스탄티누스 황제Constantinus I, 280?~337는 비잔티움을 새롭게 건설하여 로마를 잇는 제국의 두 번째 수도로 삼았다. 그는 다신교적 전통이 강하게 남아 있던 로마를 싫어했기 때문에 비잔티움을 크리스트교의 중심으로 삼은 것이다. 그리고 자신의 이름을 따서 이곳을 '콘스탄티노폴리스콘스탄티노플'라 불렀다. 그리고는 395년 공식적으로 로마제국이 동서로 분리되자, 콘스탄티노플은 동로마제국의 정식 수도가 되었고 동방 크리스트교의 중심지로 자리 잡았다. 오늘날 이슬람 국가가 된 터키를 제외한 주변 국가들, 곧 그리스·루마니아·불가리아·러시아 등은 모두 '동방정교회*'를 국교로 삼고 있는데 그 전통은 동로마제국으로부터 내려온 것이다.

이스탄불의 오늘

유럽과 아시아 문화의 공존

고대 이래 이스탄불은 줄곧 그리스, 로마 등 유럽 문명의 일원이거나 그 중심에 있었다. 그 뒤를 이은 중세 이래의 유럽 문명은 크리스트교 문명이라고 할 수 있는데, 그것은 이슬람 문명과 대립하면서 형성되었다. 11~13세기의 십자군 전쟁은 유럽의 크리스트교 대 서아시아의 이슬람교라는 대립 구도를 절정에 이르게 한 역사적 사건이었다. 그리고 이 전쟁을 부추긴 세력이 바로 동로마제국, 즉 비잔틴제국이었다.

비잔틴제국은 지리적으로 아라비아반도와 가깝기 때문에, 늘 최전선에서 이슬람권에 맞서는 크리스트교 세계의 방파제 역할을 했다. 그러다가 이슬람 세력이 장악하고 있는 예루살렘을 구해야 한다며 서유럽에 십자군 전쟁을 촉구하고 나섰던 것이다.

그러나 십자군 전쟁은 거꾸로 비잔틴제국의 생명을 단축시키는 결과를 불러왔다. 이 전쟁에 참가한 서유

성소피아대성당.

ⓒ권기윤

***동방정교회** 예루살렘·안티오키아·알렉산드리아·이집트·인도·그리스·러시아 방면으로 발전해 간 그리스도 교회의 총칭이다. 서방(라틴) 교회와 반대되는 의미로 '동방 교회'라 부르지만, 더 깊은 뜻은 죽음에서 부활한 그리스도를 상징하는 태양이 동방(東方)에서 떠오른다는 데 있다. 한편 동방정교회에서 정(正)은 '올바른 가르침, 올바른 믿음, 올바른 예배'를 가리킨다.

이스탄불 카파도키아의 동굴교회 앞에 핀 십자가 문양의 야생화.

럽 원정군 중에는 종교적 명분보다 경제적 실리를 챙기는 데 급급한 세력도 적지 않았기 때문이다. 그들 중 일부는 예루살렘으로 가는 도중에 엉뚱하게도 콘스탄티노플로 쳐들어가 약탈과 파괴를 저질렀다. 이때 큰 피해를 입은 비잔틴제국은 점차 쇠약해졌고, 결국 1453년 이슬람 세계의 중심이었던 오스만제국의 손에 멸망하고 말았다.

오스만제국은 콘스탄티노플을 점령하여 그 이름을 오늘날과 같은 '이스탄불'로 바꾸었다. 그리고 로마제국 사람들을 밀어낸 뒤 이곳을 터키인의 터전으로 삼았다. 그러자 유럽적 성향도 점차 사라져 갔다.

이처럼 이스탄불은 지배 민족과 문화가 여러 차례 바뀐 도시다. 우리는 그 속에서 유럽과 아시아, 크리스트교와 이슬람교가 격렬하게 싸워 온 역사의 흔적을 발견할 수 있다. 그리고 이스탄불의 바로 그런 역사 때문에 우리는 "인류에게 과연 대륙과 종교의 구분이 무슨 소용이 있을까?", "인류가 종교와 문화의 차이를 넘어서 함께 미래를 설계해 나갈 수 있을까?" 하는 질문을 던지게 된다. 유럽과 아시아의 문화가 공존하고 있는 이스탄불은 그러한 질문에 대하여 희망과 화해의 메시지를 품고 있기도 하다.

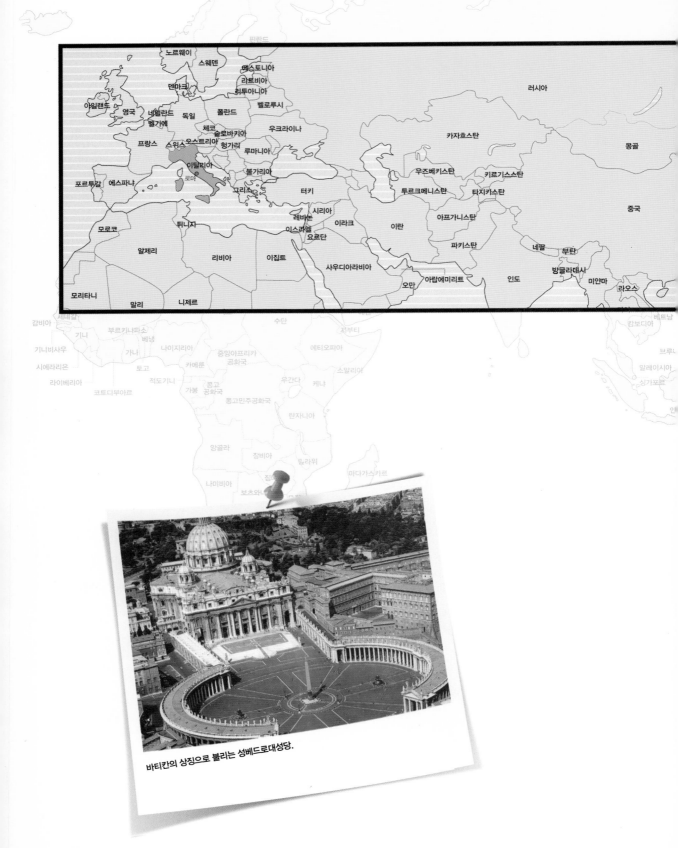

바티칸의 상징으로 불리는 성베드로대성당.

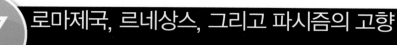

17

로마제국, 르네상스, 그리고 파시즘의 고향

로마의 어제와 오늘

로마는 이탈리아의 수도이다. 그런데 세계사 책이나 옛날 영화를 많이 본 사람들한테는 왠지 이탈리아보다 로마가 더 크게 다가온다. 이탈리아는 축구, 디자인, 피자 등으로 유명하긴 해도 영국, 프랑스 등에 비하면 작은 나라라는 느낌을 준다. 그러나 로마라는 이름은 고대 서양 세계를 지배한 거대한 제국으로 다가온다. 또한 로마는 지금도 전 세계 10억의 신도를 거느린 가톨릭교회의 총본산으로 군림하고 있다.

지금도 로마에는 고대 로마제국의 영광을 상징하는 콜로세움과 현대 로마교황청의 권위를 상징하는 성베드로대성당이 우뚝 서 있다. 유럽연합의 정치적 통합이 완료되어 이탈리아라는 국가가 사라진다 해도 로마는 영원히 남을 것이다.

일본

레알리아

고전 고대의 완성자, 로마제국

로물루스 형제상.

고대 서양 세계에서 로마는 제국의 이름이자 그 제국의 수도 이름이었다. 전설에 따르면 로마는 기원전 753년 늑대의 젖을 먹고 자란 로물루스, 레무스 형제가 세웠다. 로물루스는 트로이전쟁의 영웅인 아이네아스의 후손이라고 한다.

물론 이런 이야기는 어디까지나 전설이다. 그러나 적어도 기원전 6세기에 로마가 하나의 도시국가로 자리 잡고 있었다는 것은 분명하다. 세르비우스라는 왕이 로마 시의 경계를 만들기 위해 쌓은 성벽이 지금도 남아 있기 때문이다.

기원전 6세기라면 로마에 이웃해 있는 그리스의 도시국가들이 밖으로 페르시아제국^{옛 이란}의 침략을 물리치고 안으로 고전 문화를 꽃피우고 있을 때였다. 정치에서는 페리클레스^{Perikles, 기원전 495?~429}라는 위대한 정치가가 민주주의를 완성하고, 학술에서는 탈레스^{Thales, ?~?}라는 걸출한 자연철학자가 고대 그리스 철학의 주춧돌을 놓았으며, 문학에서는 아이스킬로스^{Aeschylos, 기원전 525~456}를 비롯한 천재 극작가들이 그리스 비극을 쏟아내고 있었다.

그리스에 비하면 로마의 발달은 늦었다. 그리스가 페르시아라는 거대한 동방 제국의 물결을 막아내는 동안, 그리스 서쪽의 로마는 이탈리아반도에서 독자적인 세력으로 일어서고 있었다. 기원전 6세기 말에 왕정에서 공화정으로 전환한 로마는 귀족과 평민이 서로 주도권 경쟁을 벌이면서 주변 지역으로 뻗어 나갔다.

마케도니아 군의 전투.

기원전 4세기 들어 그리스와 페르시아는 서양 세계의 패권을 놓고 충돌한다. 정확히 말하면 마케도니아와 페르시아가 맞붙은 것이다. 그리스의 변방이던 마케도니아가 알렉산드로스대왕의 영도 아래 그리스를 통합하고, 여세를 몰아 페르시아로 쳐들어갔기 때문이다. 마케도니아는 이 '세계 대전'에서 승리하여 북아프리카, 그리스, 서아시아에 걸치는 대제국을 건설한다. 당시 서양 세계의 중심이 동쪽에 있었기 때문에, 다시 말해 서쪽의 로마는 하찮게 보였기 때문에 알렉산드로스는 로마까지 신경 쓸 겨를이 없었다.

그것은 로마로서는 큰 다행이었다. 마케도니

1세기 무렵 로마에서 유행했던 검투사와 맹수 간의 죽음의 시합.

아와 페르시아라는 '고래' 들이 동쪽에서 싸우는 바람에 서쪽에 있던 '새우' 로마의 등이 터지지 않았으니까. 그러다가 기원전 3세기 말 들어 알렉산드로스제국이 사분오열되고 마케도니아도 힘이 약해졌을 때, 로마는 만만치 않은 나라가 되어 서양 세계의 패권 전쟁에 뛰어들었다.

로마는 마케도니아와 카르타고의 동맹을 깨고 지중해의 패자가 되었다. 그것은 서양 세계의 중심이 그리스에서 로마로 옮겨졌다는 것을 의미한다. 마케도니아와 그 영향력 아래 있던 그리스는 로마의 속주가 되었고, 수많은 그리스인들이 로마로 끌려가 광산 노예나 검투사로 복역했다.

그러나 그리스가 이룩한 고대 문화는 로마인의 머리 위에 군림했다. 로마인이 믿던 여러 신들은 고대 그리스의 신들과 동일한 존재로 여겨졌다. 로마의 주피터Jupiter는 그리스의 제우스와 똑같은 신이 되었고, 마르스는 아레스, 비너스는 아프로디테의 신격神格을 이어받았다. 베르길리우스Vergilius, 기원전 70~19, 오비디우스Ovidius, 기원전 43~기원후 17 등의 문필가나 키케로Cicero, 기원전 106~43 등의 사상가는 앞 다투어 그리스의 문호들과 철학자들을 배우고 따랐다.

로마는 이처럼 그리스 문화를 따라 배우면서 실용적인 분야에서 위대한 업적을 세웠다. "모든 길은 로마로 통한다."라는 말처럼 로마인은 길 닦는 데 천부적인 재능을 보였다. 법률도 후세의 모범이 될 만큼 탄탄하게 정비해 놓았다. 페니키아인이 발명한 알파벳도 그리스를 거쳐 로마에서 오늘날 세계에 퍼진 형태로 완성되었다.

로마가 공화국에서 제국으로 변신한 것은 기원전 1세기 말의 일이었다. 이때를 전후하여 로마는 유럽과 북아프리카, 서아시아에 걸친 거대한 제국을 만들어 나갔다. 로마식으로 가공된 고대 그리스 문화는 이 제국의 영토로 퍼져 나갔다. 그래서 우리는 흔히 그리스와 로마를 분리하지 않고 한데 합쳐서 '그리스 로마' 라고 부른다. 그리스 로마 시대, 그리스 로마 신화, 그리스 로마 문화……. 훗날 서유럽 문명의 기초가 된 이 그리스 로마 시대를 서양 사람들은 '전형적인 고대' 라는 뜻에서 '고전 고대' 라고 부른다.

로마의
오늘

세계 가톨릭의 총본산, 로마교황청

2005년 4월 2일, 264대 교황 요한 바오로 2세가 세상을 떠났다. 교황청이 있는 로마에는 무려 400만 명에 이르는 추모 인파가 전 세계로부터 찾아들었다. 그들은 누가 동원해서가 아니라 자발적으로 찾아와 애도의 눈물을 흘렸다. 그 슬픔이 하늘에 닿은 탓일까, 로마에는 하염없는 빗줄기가 내리고 천둥 번개가 쳤다.

교황청은 로마 시에 있지만 로마 시 소속이 아니다. 그곳은 바티칸 시국이라고 불리는 별개의 독립국가다. 로마를 수도로 하는 이탈리

교황 요한 바오로 2세를 추모하기 위해 바티칸에 모인 사람들.

아도 바티칸 시국과 정식 국교를 맺고 있고, 가톨릭을 배척하지 않는 전 세계의 모든 국가가 이 나라와 외교 관계를 가지고 있다. 성베드로대성당과 그 주변 지역을 영토로 하는 이 작은 독립국은 1929년에 탄생했다. 그러나 요한 바오로 2세를 잇는 현 교황 베네딕토 16세가 265대 교황이라는 사실에서도 알 수 있듯이 교황청 자체의 역사는 길고도 깊다.

그렇다면 이 유구한 역사를 연 사람, 즉 초대 교황은 누구일까? 그는 성베드로 성당에도 그 이름을 아로새겨 놓고 있는 베드로다. 베드로는 예수의 열두 제자 가운데 으뜸가는 제자였다. 본래 이름은 시몬이었는데 예수가 반석이라는 뜻의 '케파'라는 이름을 지어 주었고, 그 이름을 그리스어로 옮기면 페트루스, 즉 베드로가 된다.

베드로가 지금의 이스라엘인 유대에서 예수를 따라 다니던 서기 1세기 초는 로마가 제국으로 전환한 직후였고, 유대는 로마의 속주였다. 로마의 지배로 고통받던 유대인 가운데 많은 이가 로마에 저항했고, 유대교는 그들에게 정신적인 힘을 주었다. 그러나 예수는 반대로 유대인에게 "원수를 사랑하라."고 가르쳤다. 그런 예수가 동족의 질시와 분노 속에 십자가형을 당한 뒤 베드로는 또 다른 예수의 제자 바울로와 함께 제국의 심장부인 로마로 들어갔다. 그리고 그곳에서 스승의 교리를 전파했다.

예수가 창시한 크리스트교는 강력한 유일신교였다. 이 세상에 신은 오직 하나뿐인 하느님이고 그를 믿는 모든 크리스트교도는 사랑으로 뭉친 형제자매였다. 이러한 교리는 로마제국에서 핍박받던 하층민

과 예속민을 열광시켰고, 그들을 어떤 시련에도 굴하지 않는 단일한 조직으로 단결시켰다. 온갖 다양한 신을 국가의 신으로 믿는 로마제국은 수도의 바티칸 언덕까지 파고들어온 이 신흥종교를 오랫동안 인정하지 않았다. 폭군의 상징처럼 알려진 로마의 5대 황제 네로[37~68]는 로마에서 일어난 화재를 크리스트교도의 짓으로 몰아 대학살을 감행했다. 베드로와 바울로가 순교한 것은 바로 네로 치하에서의 일이었다.

그러나 크리스트교는 시련을 이겨냈다. 그리스 로마 문화의 다채로움이 빛을 잃어가던 4세기 들어 크리스트교는 단순히 신앙으로서 인정받는 것을 넘어 로마제국의 국교로까지 선포되었다. 변방의 속주에서 일어난 초라한 신흥종교가 세계 제국의 정신을 지배하면서 세계 종교로 우뚝 선 것이다.

크리스트교가 공인될 무렵 로마제국은 동과 서로 갈렸다. 이것은 그 뒤 크리스트교에도 영향을 미쳐, 로마를 중심으로 하는 서쪽의 가톨릭과 그리스 지역을 중심으로 하는 동쪽의 정교회로 갈리는 배경이 되었다. 476년 서로마가 멸망한 뒤에도 가톨릭은 서유럽을 지배하는 종교가 되었고, 로마는 정신적 중심지의 지위를 유지했다.

16세기에는 종교개혁*이 일어나 로마교황청의 신앙 독점에 반대하는 개신교회들이 가톨릭으로부터 떨어져 나갔다. 그러나 가톨릭은 건재했다. 그것은 로마 역시 건재하다는 뜻이다. 동방정교회가 국가별로 조직되고 개신교는 교파별로 조직되는 반면, 가톨릭은 전 세계의 모든 신도를 교황청 중심의 통일된 조직 속에 묶어낸다. 인구의 98%

---

* 종교개혁 16세기에 유럽에서 로마 가톨릭교회에 반대하여 일어난 개혁 운동.

가 가톨릭교도인 이탈리아가 그러한 세계 종교의 총본산을 둘러싸고 있다.

이처럼 로마는 서양 역사상 가장 강대했던 제국이라는 과거와 가톨릭의 총본산이라는 현재를 품은 채 미래를 향해 장중한 모습으로 버티고 서 있다.

노르웨이
스웨덴
덴마크
에스토니아
라트비아
리투아니아
벨로루시
러시아
아일랜드
영국
네덜란드
벨기에
독일
폴란드
체코
슬로바키아
우크라이나
카자흐스탄
몽골
프랑스
스위스
오스트리아
헝가리
루마니아
우즈베키스탄
키르기스스탄
포르투갈
에스파냐
이탈리아
불가리아
그리스
터키
투르크메니스탄
타지키스탄
중국
레바논
시리아
아프가니스탄
모로코
튀니지
이스라엘
요르단
이라크
이란
파키스탄
네팔
부탄
알제리
리비아
이집트
사우디아라비아
인도
방글라데시
미얀마
라오스
모리타니
말리
니제르
오만
아랍에미리트

감비아
세네갈
기니
부르키나파소
베냉
수단
지부티
베트남
캄보디아
기니비사우
나이지리아
에티오피아
시에라리온
가나
중앙아프리카
공화국
브루나이
라이베리아
토고
카메룬
소말리아
말레이시아
코트디부아르
적도기니
가봉
콩고
공화국
우간다
케냐
싱가포르
콩고민주공화국
탄자니아
인도네

앙골라
잠비아
말라위
마다가스카르
나미비아
보츠와나

ⓒ박정시

웨일스 자치정부 건물에 걸려 있는 웨일스 깃발.

18 유럽의 중심에서 변경으로

켈트의 어제와 오늘

영화 〈아스테릭스Asterix, 1999〉의 아스테릭스, 〈카멜롯의 전설First Knight, 1995〉의 아서왕, 〈브레이브 하트Braveheart, 1995〉의 윌리엄 월리스, 이 세 주인공의 공통점은 무엇일까? 그 것은 이들 모두가 고대 유럽의 주류인 켈트족의 후예라는 점이다. 영화에 그려진 대로 이들 켈트족은 용맹스러움 못지않게 훌륭하고 아름다운 문화유산을 남겼다. 호박 속을 파내 만든 등불을 들고 마귀나 마녀 분장을 한 아이들이 사탕을 얻으러 다니는 할로윈 축제나, 마법사와 요정이 등장하는 유럽의 동화들도 모두 켈트족이 만들어 낸 것이다. 그렇다면 이토록 아름다운 문화를 탄생시킨 켈트족은 오늘날 어떻게 되었을까?

영국 속의 켈트족

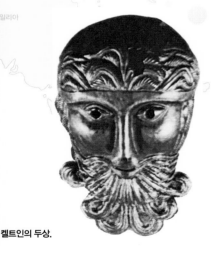

켈트인의 두상.

전 세계적으로 많은 팬을 확보하고 있는 미국프로농구협회NBA 소속 팀 중에 보스턴 셀틱스Boston Celtics라는 구단이 있다. 래리 버드Larry Bird, 1956~ 라는 걸출한 스타 선수를 배출한 이 구단의 이름 '셀틱스'는 '켈트Celt족 사람들'이라는 뜻이다. 켈트족은 게르만족의 대이동*이 있

* **게르만족의 대이동** 발트 해 연안 북유럽에 살던 게르만족은 농경과 목축, 수렵으로 생활하고 있었다. 그러다 인구가 증가함에 따라 차츰 경작지를 찾아 남하했는데, 결국에는 로마제국과 국경을 마주하기에 이르렀다. 그 뒤 4세기 후반, 아시아의 유목민인 훈족이 서쪽으로 진출하여 게르만족의 일파인 동고트족을 치자, 이에 압박을 받은 서고트족이 로마로 들어오면서 게르만족의 이동이 시작되었다. 이 민족 대이동은 200년 동안 계속되었다.

일본

레일리아

켈트족의 부(富)의 신 케르누누스 상.

기 전, 유럽 대륙에 살던 민족으로 지금은 영국의 북아일랜드와 웨일스, 프랑스 브르타뉴 등지에서 살고 있다. 그렇다면 왜 보스턴을 근거지로 한 농구 팀이 켈트족과 관련된 이름을 갖게 되었을까? 그 이유는 보스턴 인구의 상당수가 켈트족의 전통을 고수한 아일랜드계 사람들이기 때문이다.

지금 영국 땅에는 고대 유럽의 주인이었던 켈트족의 후예들과 그들을 밀어낸 게르만족의 한 갈래인 앵글로–색슨족이 함께 어우러져 살아가고 있다. 옛날의 가슴 아픈 역사는 그 뒤로도 미묘한 갈등으로 작용해, 영국의 지배를 받고 있는 북아일랜드에서는 유혈 독립 투쟁이 일어나기도 했다. 『그리스·로마 신화』, 『북유럽 신화』와 함께 유럽 3대 신화로 일컬어지는 아름다운 『켈트 신화』를 만들어낸 켈트족은 과연 어떤 사람들일까?

카이사르와 아스테릭스

프랑스에서 가장 인기 있는 만화 영화 가운데 하나로 〈아스테릭스Asterix*〉가 꼽힌다. 주인공 아스테릭스는 원추형 헬멧을 쓰고 도끼를 든 귀여운 전사다. 지금으로부터 2,000년을 훌쩍 뛰어넘는 먼 옛날, 아스테릭스는 프랑스로 쳐들어온 로마의 카이사르 Gaius Julius Caesar, 기원전 100~44 군대와 맞붙어 종횡무진 활약을 펼치며 그들을 곤경에 빠뜨린다.

* **아스테릭스(Asterix)** 1961년 프랑스의 작가 고시니(Rene Goscinny, 1926~1977)가 글을 쓰고, 우데르조(Albert Uderzo, 1927~)가 그림을 그린 만화를 애니메이션으로 만든 것이다. 여기서 작품의 제목이자 주인공의 이름인 아스테릭스는 그리스어로 '작은 별'을 의미한다.

우리나라에서도 상영되었던 이 만화 영화 시리즈는 현대 프랑스 민족주의의 상징이기도 하다. 여기에 등장하는 로마 영웅 카이사르는 오늘날 프랑스의 자존심을 건드리는 미국을 상징한다. 그 뒤 이 시리즈는 영화로도 제작되었는데, 1999년 프랑스에서 개봉되자마자 미국 영화 〈타이타닉 Titanic, 1997〉의 흥행 기록을 누르고 당당히 최고의 자리에 앉았다.

이처럼 프랑스 사람들을 흥분의 도가니로 몰아넣은 이 영화의 주인공 아스테릭스는 바로 켈트족의 전사를 모델로 만들어졌다. 골족이라고도 하는 켈트족은 기원전 6세기 무렵 지금의 프랑스에 해당하는 지역에 자리 잡았다. 그 뒤 로마 사람들은 이곳을 갈리아, 여기에 살던 사람들을 갈리아족이라 불렀는데, 이후 이 이름은 골족으로 변하게 되었다.

한편 이 만화 영화의 주요 모티프인 카이사르와 켈트족의 전쟁은 실제로 기원전 58년부터 7년간에 걸쳐 일어났다. 로마에서 파견된 카이사르는 갈리아의 총독을 지내면서 끊임없이 전쟁을 일으켜, 갈리아 전역을 로마 영토로 만들어 버렸다. 또 카이사르는 이때의 경험을 생생한 기록으로 남겼는데, 그것이 바로 모범적인 라틴어 문장으로 일컬어지는 명저 『갈리아 전기戰記』다.

만화 영화 〈아스테릭스〉의 한 장면.

그 뒤 완전히 로마 땅에 속하게 된 갈리아는 서기 4~5세기 무렵 게르만족이 밀려들 때까지 로마의 지배에서 벗어나지 못했다. 혈통으로만 보면, 현대 프랑스인의 상당수는 갈리아에 들어와 켈트족을 지배한 로마인과 게르만족의 혼혈이지, 결코 켈트족의 후예라 할 수는 없다. 따라서 만화 속의 켈트족 전사 아스테릭스가 프랑스인의 영웅으로 떠오른 것은 단지 문화 산업의 상징적인 현상으로 이해해야 할 것이다.

중세 영국 하면 가장 먼저 떠오르는 것은 천하무적의 보검宝劍 엑스칼리버와 불세출의 영웅 아서왕, 그리고 원탁의 기사들에 관한 전설이다. 아서왕은 잉글랜드의 왕자로 태어나 마법사 멀린의 도움으로 카멜롯 성에서 즉위한다. 그는 열다섯 살의 나이로 '세계 제패制覇의 보증 수표'라는 엑스칼리버를 손에 넣고, 천하절색인 귀네비어 공주와 결혼하며, 천하무적인 원탁의 기사들을 부하로 거느리게 된다.

그러나 귀네비어가 아서왕의 둘도 없는 친구이자 원탁의 기사인 랜슬롯과 사랑에 빠지면서 아서왕의 운명에도 어두운 그림자가 드리워진다. 아내와 친구의 불륜에 괴로워하던 아서왕은 랜슬롯을 응징하기 위해 브르타뉴까지 원정을 갔다가, 조카 모드레드가 카멜롯에서 반란을 일으켰다는 소식을 듣고 급히 되돌아온다. 귀네비어까지 넘보던 조카와의 마지막 전투에서 치명상을 입은 아서왕은 엑스칼리버를 물에 던지고 호수를 건너 '죽은 자의 낙원'인 아발론으로 떠난다.

켈트인의 십자가.

이 전설은 잉글랜드의 작가 맬러리Sir Thomas Malory, 1408~1471가 문학적으로 포장해, 1485년 『아서왕의 죽음』이라는 영국 최초의 산문 소설로 세상에 선보였다. 이 소설에는 아발론에서 상처를 치료한 아서왕이 장차 다시 돌아와 적과 싸울 것이라는 예언도 함께 등장한다. 맬러리가 살았던 15세기에, 그것은 앵글로-색슨족을 위해 노르만족과 싸우는 것을 의미했다.

그럼 이 소설의 모티프가 된 실제 역사를 살펴보자. 앵글로-색슨족은 6세기 무렵 영국에 진출하여 로마인과 원주민인 켈트족을 밀어내고 이 섬나라의 주인이 되었다. 그러나

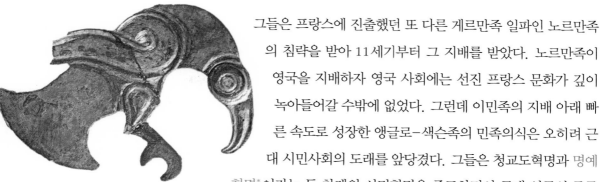

앵글로–색슨족의 방패 장식, 7세기.

그들은 프랑스에 진출했던 또 다른 게르만족 일파인 노르만족의 침략을 받아 11세기부터 그 지배를 받았다. 노르만족이 영국을 지배하자 영국 사회에는 선진 프랑스 문화가 깊이 녹아들어갈 수밖에 없었다. 그런데 이민족의 지배 아래 빠른 속도로 성장한 앵글로–색슨족의 민족의식은 오히려 근대 시민사회의 도래를 앞당겼다. 그들은 청교도혁명과 명예혁명*이라는 두 차례의 시민혁명을 주도하면서 근대 영국의 주류 민족으로 자리를 굳혔다. 이런 시기에 전설의 주인공 아서왕은 노르만 왕족에 대항하는 앵글로–색슨족의 영웅으로 기억되고 있었다.

그러나 9세기에 아서왕 이야기를 처음 언급한 수도사 네니우스 Nennius, ?~?는 아서왕에 대해 전혀 다른 말을 한다. 그에 따르면 아서왕은 오히려 침략자 앵글로–색슨족에 저항한 브리튼족의 역사적 지도자라고 한다. 브리튼족은 영국 지역에 살고 있던 켈트족의 일파였는데 이곳에 쳐들어온 앵글로–색슨족에 밀려 웨일스와 아일랜드로 쫓겨나게 되었던 것이다.

아서왕의 전설이 『켈트 신화』에서 비롯된 요소*들을 많이 가지고 있다는 점에서 보면, 네니우스의 말이 더 진실에 가깝다. 따라서 아서왕이 아발론으로부터 돌아와 싸울 대상은 본래 노르만족이 아니라 앵글로–색슨족 자신이었던 것이다.

---

* **명예혁명** 청교도혁명 이후 영국은 왕을 처형하고 공화제를 시행했지만(1649년), 영국인은 이것을 거부했다. 그리고 1688년 왕을 '군림하지만 통치하지 않는' 상징적인 국가원수로 남겨 둔 채 의회정치를 시작했는데, 이러한 정치적 변혁이 살육과 폭력을 동반하지 않고 '명예로운 타협' 속에 진행되었다고 해서 영국인은 이것을 '명예혁명'이라 부른다.
* **『켈트 신화』에서 비롯된 요소** 아서왕 이야기를 보면 켈트족 신화와 가톨릭 신앙이 혼합된 모습을 볼 수 있다. 우선 아서왕과 원탁의 기사들이 성모마리아를 찬송하고 성배를 찾는 모습은 가톨릭 신앙에서 온 것이고, 아서왕의 고문인 멀린이 뛰어난 마법사라는 점은 『켈트 신화』의 영향을 받은 것이다. 또한 이 이야기에는 호수의 요정 등 많은 요정이 등장하는데, 이것 역시 『켈트 신화』의 영향을 받은 것이다.

켈트의
오늘

세계인의 최대 잔치라 일컬어지는 월드컵 축구대회 본선의 역대 참가국을 살펴보면 이상한 점을 발견하게 된다. 북아일랜드, 웨일스, 스코틀랜드. 세계 지리 시간에 배운 우리의 지식으로 따져 보면, 이 이름들의 주인공은 나라가 아니라 영국의 지역일 뿐이다. 지역 대표들이 어떻게 국가 대표만 참가하는 월드컵 본선에 얼굴을 내밀 수 있었을까?

축구 역사를 들추어 보면 이렇다. 월드컵 대회를 창설할 때 국제축구연맹FIFA에서는 축구 종주국인 영국을 존중하여 앞의 세 지역과 잉글랜드, 이렇게 모두 네 지역이 각각 독자적인 대표 팀을 구성할 수 있도록 허용했다. 그래서 이들 4개 대표 팀은 각각 자기 '지역'의 명예를 걸고 다른 '나라' 대표 팀들과 어깨를 겨루어 왔으며 모두 한 번 이상 본선에 진출했다.

런던 국회의사당 주변에서 시위를 벌이는 북아일랜드인.

이들 가운데 잉글랜드를 제외한 세 지역은 공통점이 있다. 바로 잉글랜드의 영국 정부와 싸운 일이 있다는 점이다. 최근까지도 북아일랜드 사람들은 영국으로부터 독립하기 위해 테러를 서슴지 않았다. 그리고 이들 세 지역에 사는 주민 가운데 상당수가 잉글랜드의 앵글로-색슨족과 구별되는 켈트족이라는 것이다.

영국 내 소수민족으로 전락한 켈트족과, 주류인 앵글로-색슨족 사이의 갈등은 현재까지도 계속되고 있다. 가령 웨일스 지방에 보내는 편지에 '잉글랜드England'로 국명을 표기하면 수신자에게 제대로 전달되기 어렵다. 켈트족임을 자랑스럽게 생각하는 웨일스의 주민들은 국명이 '잉글랜드'로 표기된 우편물에 강한 거부감을 표시하며 그런 우편물을 받으려 하지 않는다. 그렇기 때문에 이곳에서는 영국의 공식 국호인 '연합 왕국United Kingdom', 곧 U. K.로 표기하도록 하고 있다.

영국에서는 찰스 왕세자Prince Charles of Wales, 1948~를 비롯한 역대 왕위 계승자를 '웨일스 공Prince of Wales'이라고 부른다. 그것은 웨일스 사람들에 대한 영국 왕실의 전통적인 유화책이다. 특히 찰스 왕세자는 웨일스의 대학에 3개월 유학하여 웨일스어를 익힌 다음 그곳에서 왕자가 되는 의식을 올리기까지 했다.

지금까지 살펴본 것처럼 켈트족은 역사의 흐름 속에서 계속 설자리를 잃어 갔지만, 그들의 자존심은 여전히 살아 있다. 또한 수천 년에 걸친 그들의 문화 전통은 여러 분야에서 되살아나고 있을 뿐 아니라, 다양한 방식으로 재창조되고 있다. 문화의 세기라는 21세기에 그러한 경향은 더욱 뚜렷해질 것이다.

아우슈비츠 수용소 모습.

'야만족 게르만'과 '순수 혈통 게르만'사이

독일의 어제와 오늘

2006년 독일 월드컵 축구 대회에 참가한 독일과 프랑스의 대표 선수들을 보면 흥미로운 차이점이 보인다. 독일 선수들은 한두 명의 예외를 빼면 푸른 눈에 큰 코를 가진 백인으로 구성되었다. 백인도 일부 폴란드 출신이 있을 뿐 대부분 독일인이다. 반면 프랑스 선수들 가운데는 백인이 거의 없다. 세계적인 미드필더 지단이 알제리 출신인 것을 비롯하여 대부분의 선수가 북아프리카 출신이거나 흑인이다. 이러한 선수 구성은 독일과 프랑스 국민의 특성을 잘 보여준다. 프랑스인이 게르만족과 라틴족, 켈트족 등의 혼혈을 통해 형성된 반면, 독일인은 비교적 게르만족의 혈통을 그대로 이어받았다. 그래서 독일인은 '순혈주의' 의식이 강하다. 이런 의식이 비뚤게 터져 나왔던 것이 2차 세계대전을 일으킨 나치스의 게르만 우월주의였다.

게르만 대이동과 독일인의 신성로마제국

야만인을 뜻하는 영어는 '바바리안barbarian'이다. 이 말은 '알아들을 수 없는 말을 지껄이는 사람들'을 가리키는 그리스어 '바르바로이'에서 왔다고 한다. 그것은 고대 그리스 사람들이 주변의 이민족을 부르던 말이었다. 처음에는 그냥 그리스인과 다른 언어를 쓰는 사람들이라는 뜻이었는데, 고대 그리스 문명이 발달하면서 이민족을 낮추어 부르는 말이 되었다. 심지어는 훗날 세계 제국을 일구게 될 로마인도 고대 그리스인에게는 바르바로이였다.

이 말은 로마가 지중해 세계의 패권을 장악한 다음에는 로마인에 의해 주로 게르만족을 가리키는 별칭으로 쓰였다. 로마인은 도나우 강 북쪽, 라인 강 동쪽의 삼림지대를 게르마니아라고 부르고, 그곳에 사는 게르만족을 야만족으로 경멸하는 동시에 두려워했다.

서기 98년 로마 역사가 타키투스Tacitus, ?56~?120는 게르마니아를 돌아보고 게르만족의 풍속과 사회를 간결하게 정리하여 『게르마니아Germania』라는 역사책을 썼다. 이 책에서 타키투스는 게르만족이 비록 험한 지리적 조건 속에 살면서 낮은 수준의 생활을 하고 있지만, 문명의 안락함에 푹 젖은 로마인에 비해 건강하고 청신한 기풍을 유지하고 있다며 그들을 경계했다.

타키투스의 경계심은 그가 『게르마니아』를 쓴 지 약 300년 뒤부터 현실로 나타나기 시작했다. 게르만족이 기마 유목민인 훈족에게 밀려 로마제국의 국경 안으로 들어가자 역사적으로 유명한 민족 대이동의 막이 올랐다. 로마인에 비해 생활수준은 낮지만 원시적 생명력과 단결력으로 무장한 게르만족은 서서히 로마를 압박해 들어갔다. 그들은 로마제국의 차별 대우에 맞서 자주 반란을 일으켰으며, 곳곳에서 로마 군대를 제압했다.

로마제국 붕괴 뒤인 5세기에 서유럽 지역을 통치한 게르만인.

당시 로마제국은 콘스탄티노플지금의 터키 이스탄불과 로마를 중심으로 한 동서 로마로 나뉘어 있었다. 그 가운데 게르만족이 밀려들어간 곳은 물론 서로마였다. 하나로 뭉뚱그려서 게르만족으로 불리지만 이들은 사실 여러 부족으로 나뉘어 있었다. 그 가운데 오늘날의 라인 강가에 살던 프랑크족은 독일과 프랑스 일대에 프랑크왕국을 세웠고,

게르만족의 모습이 새겨진 장식품.

독일 북부에 살던 색슨족은 앵글족과 함께 영국으로 들어가 작은 왕국들을 세웠다. 그리고 동유럽에 살던 동고트족은 이탈리아로 들어가 476년 마침내 서로마제국을 멸망시켰다.

서로마제국이 멸망한 뒤에도 서유럽에서 '로마'의 권위는 계속되었다. 게르만계 부족들이 가톨릭을 받아들이고 로마교황청의 정신적 통치를 받아들였기 때문이다. 그런 가운데 게르만의 전통을 가장 잘 간직하고 있던 프랑크왕국이 점차 서유럽을 통일해 나갔다.

서로마가 붕괴한 지 300여 년이 흐른 뒤인 서기 800년 프랑크 왕 카를루스는 로마교황으로부터 서로마 황제의 관을 받고 '서로마제국'의 부활을 선언했다. 서유럽을 재통일한 게르만족의 프랑크왕국이 서로마의 정통성을 계승한다는 뜻이었다.

프랑크왕국은 게르만족, 크리스트교 정신, 그리스 로마 문명이 일체를 이룬 통일 제국이었다. 그러나 그 수명은 길지 않았다. 카를루스가 '황제'가 된 지 40여 년 만에 후손들 사이에 왕위 계승 분쟁이 일어나 나라가 셋으로 쪼개졌던 것이다. 지금의 독일에 해당하는 동프랑크, 프랑스에 해당하는 서프랑크, 그리고 이탈리아에 해당하는 중프랑크가 그것이다.

셋으로 나뉜 프랑크왕국 가운데 중프랑크는 점차 로마인의 후예인 이탈리아인의 나라가 되어 갔고, 서프랑크에서는 게르만족과 라틴족, 켈트족 사이의 혼혈이 진행되었다. 게르만 혈통이 가장 잘 보존된 곳은 동프랑크였다. 당시 서유럽 사회에서는 로마적인 것이 고급문화의 대명사였고, 게르만적인 것은 하류로 치는 풍조가 강했다. 이러한 하층의 게르만 사회와 문화를 가리키는 말이 '도이치deutsche'였고, 도이치의 한자 번역어가 '독일'이다. 그런데 게르만 전통이 강한 동프랑크에서는 서서히 독일적인 것, 즉 게르만적인 것에 대한 애정과 자부심이 늘어났다.

　　그리하여 962년 동프랑크 왕 오토 1세^{Otto I, 912~973}가 다시 한 번 로마제국의 부활을 선언했을 때, 이 제국의 정식 명칭은 '독일인의 신성로마제국'이었다. 다시 말해 로마인의 로마제국이 아니라 독일 사람이 세운 로마제국이라는 것을 강조한 것이다. 이러한 신성로마제국은 독일인의 자의식이 아로새겨진 독일인 최초의 나라였다.

독일의
오늘

2차 세계대전과 독일 제3제국

　　신성로마제국은 로마교황청과 제휴하여 중세 유럽을 지배했다. 로마교황은 종교적 지배권을 갖고 신성로마제국 황제는 세속적 지배권을 갖는 형식이었다. 그러나 신성로마제국의 내부를 들여다보면 '영방'이라고 불리는 작은 제후국들이 수없이 난립해 있었다.

　　이러한 분열은 특히 16세기에 일어난 종교개혁으로 말미암아 더욱 심해졌다. 종교개혁이란 독일의 종교개혁자이자 신학 교수인 마르틴 루터^{Martin Luther, 1483~1546} 등의 젊은 사제들이 로마교황청과 신성로마제국의 종교 독점에 저항하여 일어난 운동이었다. 이 운동은 1618년부터 전 유럽을 무대로 한 30년전쟁으로 이어졌고, 그 결과 독일의 각 영방 국가들은 종교 선택권과 외교권을 갖는 사실상의 독립국이 되었다.

　　이처럼 내부 영방들에 대한 통치권을 잃고 이름만 남아 있던 신성로마제국은 1806년 나폴레옹의 침략을 받아 완전히 멸망하고 말았다. 그 뒤 독일은 1871년 정치가인 비스마르크^{Bismarck, 1815~1989}의 활약으로 통일될 때까지 분열 상태를 이어가게 된다.

　　철혈재상으로 불리는 비스마르크가 탄생시킨 독일제국은 빠른 속

비스마르크.

도로 발전해 나갔다. 독일인들은 자신들이 분열되어 있는 동안 근대 국가로 앞서 나갔던 영국과 프랑스를 따라잡기 위해 분투했다. 그러나 이것은 비뚤어진 경쟁심의 발로였다. 영국은 독일보다 먼저 발달한 자본주의 경제를 바탕으로 세계 곳곳의 민족과 나라를 식민지로 만들고 있었다. 뒤늦게 식민지 확보 경쟁에 뛰어든 독일은 아무래도 무리를 할 수밖에 없었다. 그리하여 나중에는 영국이 이미 차지한 식민지까지 빼앗겠다고 덤벼들기에 이르렀으니, 이것이 1914년에 일어난 1차 세계대전의 원인이었다.

독일제국은 이를 악물고 싸웠지만 영국, 프랑스, 미국 등 연합국의 반격을 견디지 못하고 항복했다. 패전의 대가는 가혹했다. 연합국은 독일이 다시는 일어설 수 없을 정도로 막대한 배상금을 물리고 많은 영토를 빼앗았다. 나라 안에서는 혁명이 일어나 제국이 폐지되고 바이마르공화국Weimar共和國*이 들어섰다. 신성로마제국 이래 두 번째 제국이 문을 닫은 것이다.

그러나 독일은 정치적, 경제적 잠재력이 풍부한 나라였다. 그런 나라를 독 안에 든 쥐처럼 가혹하게 몰아간 연합국의 방침은 1차 세계대전보다 더욱 끔찍한 재앙을 초래했다. 독일 공화국 안에서 국수적이고 파괴적인 정치 집단이 성장하여 불안감과 복수심으로 가득 찬 독일 국민을 선동했다.

아돌프 히틀러가 이끄는 이 집단이 그 악명 높은 나치스 당이다. '나치스'란 독일어로 '국가, 국민'을 뜻하는 말의 약자다. 나치스는 모든 것을 국가의 이익에 종속시켰는데, 그들이 말하는 독일 국가는 순수 혈통을 가진 게르만족의 나라였다. 그리고 그들은 이 나라를 신성로마제국, 비스마르크의 독일제국에 이은 제3제국이라고 불렀다.

---

* **바이마르공화국(Weimar共和國)** 1919년에 설립한 독일 공화국을 이르는 말. 바이마르 헌법을 제정했으며, 세계 공황으로 타격받은 뒤 1933년 나치 정권 수립으로 소멸됨.

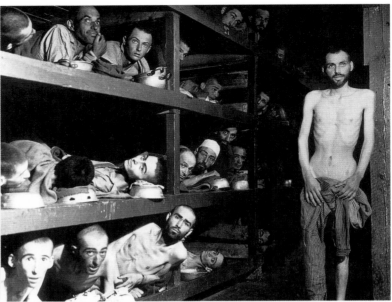

아돌프 히틀러와 유대인 수용소.

제3제국이 1939년 2차 세계대전을 일으키자 인류 역사상 최악의 상황이 벌어졌다. 독일인의 우월성을 신봉하는 나치의 친위대들은 곳곳에서 다른 인종, 특히 유대인에 대한 대량 학살을 감행했다. 1945년 1월 폴란드 아우슈비츠의 유대인 수용소가 해방될 때까지 무려 600만 명에 이르는 유대인이 이 광기 어린 도살자 집단에 의해 희생되었다고 한다.

다행히 독일은 두 번째 도발에서도 패배했다. 히틀러와 나치스 당은 철저히 응징되었고, 전후 독일은 나치스의 부활을 막기 위해 최선을 다하고 있다.

오늘날 독일은 유럽에서 가장 많은 이민자를 받아들이는 개방적인 나라가 되었다. 독일 국가대표 축구팀에서 흑인이나 폴란드계 선수가 활약하게 된 것도 많은 진전이다. 물론 프랑스에 비하면 아직도 독일의 민족주의, 순혈주의는 강한 편이다.

그런 점에서 볼 때 2006년 월드컵 참가국 가운데 유일하게 100%

아우슈비츠 수용소에서 희생된 유대인들의 신발.

토종 선수만 출전한 한국도 독일을 타산지석으로 삼을 필요가 있다. 한국의 민족주의가 독일의 침략적 민족주의와는 달리 일본 제국주의에 대한 저항으로부터 싹튼 것은 사실이다. 그러나 국내에 들어온 외국인 노동자에 대한 핍박에서 보이는 배타성을 미리 걸러내지 않으면, 나치스와 같은 괴물이 우리 내부에서 튀어나오지 말라는 보장도 없다.

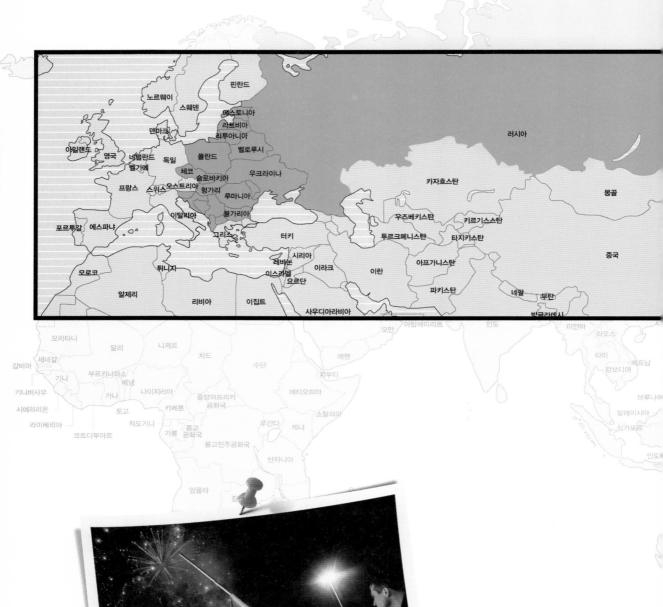

핀란드
노르웨이
스웨덴
덴마크
에스토니아
라트비아
리투아니아
아일랜드
영국
네덜란드
독일
벨기에
폴란드
벨로루시
체코
슬로바키아
우크라이나
프랑스
스위스
오스트리아
헝가리
루마니아
포르투갈
에스파냐
이탈리아
불가리아
그리스
터키
모로코
튀니지
레바논
시리아
이스라엘
요르단
이라크
이란
알제리
리비아
이집트
사우디아라비아
러시아
카자흐스탄
몽골
우즈베키스탄
키르기스스탄
투르크메니스탄
타지키스탄
아프가니스탄
중국
파키스탄
네팔
부탄
방글라데시
인도
오만
아랍에미리트
모리타니
말리
니제르
차드
수단
예멘
지부티
감비아
세네갈
기니
부르키나파소
베냉
나이지리아
중앙아프리카공화국
에티오피아
소말리아
라오스
타이
베트남
캄보디아
브루나이
말레이시아
싱가포르
인도네시아
미얀마
기니비사우
시에라리온
가나
카메룬
우간다
케냐
라이베리아
코트디부아르
토고
적도기니
가봉
콩고공화국
콩고민주공화국
탄자니아
앙골라
짐바브웨

유럽연합 가입 후 오스트리아와 인접한 국경 초소를 폐쇄하고 이를 축하하는 헝가리 국민들.

20 사회주의 동맹국에서 자본주의 낙후국으로

동유럽의 어제와 오늘

드라큘라를 모르는 사람은 거의 없을 것이다. 19세기 영국 소설가 브람 스토커가 옛 루마니아에서 발굴한 이 괴물 캐릭터는 수많은 영화를 통해 악명을 떨쳤다. 그러나 15세기에 실제로 살았던 드라큘라는 오스만이라는 이슬람 제국의 침략으로부터 조국을 지켜낸 애국자였다고 한다.

동유럽의 이미지는 밝고 화려한 서유럽에 비해 어둡다. 역사도 그렇다. 드라큘라가 서유럽에서 받는 대접은 사실 오랜 세월 동유럽이 받아온 대접이기도 하다. 동유럽이 한 덩어리가 되어 세계사의 전면에서 반짝거렸던 시간도 있기는 했다. 사회주의 체제를 이루어 서유럽과 대등하게 맞섰던 20세기 후반이 그랬다. 그러나 지금 동유럽은 그 시간마저도 악몽으로 곱씹으며 서유럽이 주도하는 유럽연합에 적응하기 위해 안간힘을 쓰고 있다.

문명의 뒤안길에서

동유럽 하면 함께 떠오르는 말이 슬라브족이다. 서유럽과 북유럽은 게르만족, 남유럽은 라틴족, 동유럽은 슬라브족이라는 등식으로 다가온다. 그것은 대체로 맞는 말이다. 러시아, 폴란드, 체코 등 동유럽 국가에 사는 주민들 가운데는 슬라브족이 많다. 슬라브족은 고대에 아시아로부터 이주하여 도나우 강 유역과 발칸반도 등지로 퍼져 나가 오늘에 이른다.

그러나 서유럽에도 아일랜드와 영국, 프랑스 일부에 켈트족이 살

〈드라큘라〉의 작가 브람 스토커가 이름을 따온 15세기의 루마니아 왕자 블라드 테페스.

고 있는 것처럼 동유럽에도 슬라브족에 속하지 않는 사람들이 적지 않다. 드라큘라의 나라 루마니아는 발칸반도에 자리 잡고 있지만 그 주민은 슬라브족과 구분되는 루마니아인이다. 그들은 고대부터 이 지역에 살던 다키아인이 로마제국의 영향을 받으면서 로마인과 뒤섞여 만들어진 종족이라고 한다. 그래서 나라 이름도 '로마의 후예'라는 뜻에서 루마니아라고 지었다.

이러한 루마니아인의 민족 영웅, 드라큘라의 본명은 블라드 테페스[1431~1476]라고 한다. 조선의 세조와 비슷한 시기에 루마니아를 다스린 사람이다. 당시 루마니아를 비롯한 유럽 세계는 오스만튀르크*라는 거대한 이슬람 제국의 위협에 직면해 있었다. 오스만제국은 1453년 동로마제국의 수도인 비잔티움[지금의 터키 이스탄불]을 무너뜨리고 호시탐탐 유럽을 노리고 있었다.

드라큘라는 바로 이때 오스만제국의 침공을 물리치며 조국을 구한 루마니아의 영웅이었다. '드라큘'은 용을 뜻하는 루마니아어고, 용은 크리스트교의 적인 사탄을 상징한다. 당시 유럽에는 용 문장을 넣은 깃발을 달고 다니는 기사단이 활약했는데, 드라큘라의 아버지도 그러한 기사단의 일원이었다고 한다. 드라큘이라는 이름도 서유럽의 신성로마제국 황제로부터 받은 것이라 전한다.

이처럼 유럽의 크리스트교 세계를 이슬람 제국으로부터 지켜내는 데 공을 세운 사람이 왜 십자가를 무서워하는 악마가 되었을까? 그것은 그가 적군 포로와 정적을 잔인하게 살해하곤 했기 때문이라고 한다. '테페스'는 꼬챙이라는 뜻인데, 끝이 뾰족한 꼬챙이로 적을 잔인하게 찔러 죽이곤 해서 생긴 이름이라는 것이다.

테페스, 즉 드라큘라공의 노력에도 불구하고 이후 루마니아는 결

---

* **오스만튀르크(Osman Türk)** 오스만 제국. 1299년에 오스만 1세가 셀주크제국을 무너뜨리고 소아시아에 세운 이슬람 제국.

국 오스만튀르크 제국의 지배를 받게 되었다. 루마니아뿐 아니라 발칸 반도에 자리 잡은 불가리아, 세르비아, 크로아티아, 알바니아 등이 모두 오스만튀르크의 치하에 들어갔다.

그리하여 동유럽은 서유럽의 크리스트교 문명과 오스만튀르크의 이슬람 문명이 충돌하는 무대가 되었다. 동유럽의 한가운데 자리 잡은 헝가리는 국토의 대부분을 오스만튀르크에게 잠식당하고 나머지는 오스트리아 제국의 일부로 편입되었다. 폴란드, 체코 등은 서유럽의 영향권에 들었고, 동쪽에 자리 잡은 러시아는 서유럽 세계에 속한 강대국이 되기를 염원하며 부지런히 서유럽을 보고 배우기에 힘썼다.

이처럼 동유럽은 오랫동안 독자적인 세력이나 문명권을 이루기보다는 거대한 문명의 뒤안길에서 이리저리 채이며 살아가고 있었다.

서구 문명과 대립각을 세우다

동유럽이 공통의 특징을 갖는 독자적인 세력으로 세계사에 등장한 것은 20세기의 일이었다. 그것을 이끈 나라는 러시아였다. 러시아는 18세기 초에 활약한 표트르 1세^{Pyotr I, 1672~1725}부터 서유럽을 따라 배우기 시작하더니, 서서히 영국, 프랑스, 독일 등에 버금가는 강대국으로 떠올랐다. 특히 1812년 유럽의 정복자 나폴레옹이 러시아를 침략했을 때, 러시아는 이를 물리치면서 호락호락하지 않은 이미지를 전 유럽에 확고하게 심어 주었다.

그러나 러시아를 제외한 동유럽국들은 20세기가 될 때까지 서유럽과 오스만제국의 지배를 받으며 불우한 나날을 보내야 했다. 이러한 시련은 대체로 20세기 초인 1차 세계대전 무렵까지 계속되었다. 1차 세계대전에서 독일, 오스트리아, 오스만제국 등의 동맹국이 패하자 이들의 지배를 받던 동유럽 나라들이 줄줄이 독립의 길을 간 것이다. 예를 들어 서쪽의 체코는 오스트리아-헝가리 제국의 지배에서 해방되고, 동쪽의 알바니아는 오스만제국으로부터 해방되었다.

독립을 했다고는 하지만 동유럽 나라들 앞에 평화와 번영의 길이 놓여 있는 것은 아니었다. 1차 세계대전을 전후하여 일어난 가장 큰 변화는 러시아의 사회주의혁명이었다.

그동안 러시아가 서유럽 열강들과 어깨를 나란히 했다고는 하지만, 그 내부를 들여다보면 차르라는 절대 권력자가 다스리는 봉건적 전제 국가에 불과했다. 농민이 대부분인 러시아 민중은 헐벗고 굶주렸으며 차르를 중심으로 한 소수 귀족과 대자본가만이 온갖 영화를 누리고 있었다. 그런 가운데 서구 열강들과의 식민지 쟁탈전에 뛰어든 러시아를 세계의 많은 나라들은 '북국의 미련한 곰'에 비유하며 놀려대곤 했다.

그랬던 러시아가 1917년 10월 혁명을 통해 전혀 다른 나라로 거듭난 것은 정말 엄청난 사건이었다. 세계 최초로 사회주의혁명을 성공시킨 러시아 혁명 세력은 나라 이름을 '소련 소비에트사회주의공화국연방'으로 바꾸고 이웃 나라들에 사회주의를 전파하기 위해 온 힘을 다했다. 서구

1차 세계대전 중 독일군의 포로가 된 러시아 병사들.

10월 혁명 당시 군사혁명위원회.

열강과 일본 등 자본주의 나라들이 소련의 사회주의를 좌절시키려고 협공을 가했기 때문에 더더욱 사회주의 우방이 필요했던 것이다. 그 여파가 동유럽에 미친 것은 당연한 일이었다.

소련은 무엇보다 독일에서 사회주의혁명이 일어나기를 학수고대했다. 사회주의 사상가인 마르크스의 고향이기도 한 독일은 서유럽 열강 가운데서도 가장 사회주의 세력이 강한 나라였다. 그러나 소련의 기대는 물거품이 되었고, 독일에서 일어난 것은 정반대로 사회주의에 가장 적대적인 세력의 집권이었다. 히틀러를 중심으로 한 독일의 나치스 당은 사회주의의 위협을 없애기 위해 일체의 민주주의와 정치적 자유를 억압하는 전체주의全體主義*를 펼쳤다. 당시 독일은 1차 세계대전에서 패한 뒤 영국, 프랑스 등 승전국들의 엄청난 배상금 요구에 시달리고 있었다. 따라서 복수심으로 가득한 나치스의 등장은 서유럽과 미국에도 커다란 위협이었다.

나치스가 등장한 1930년대에 유럽과 세계는 전체주의 진영과 그 반대 진영으로 갈렸다. 파시스트당이 이끄는 이탈리아, 군국주의 일본 등이 독일과 함께 전체주의 동맹을 이루었다. 독일과 소련 사이에 끼어 있는 동유럽의 많은 나라들은 이때 전체주의 진영으로 넘어가 이탈리아나 독일의 영향권 아래 놓였다. 폴란드는 독일과 소련에 의해 분할되었다. 그리고 마침내 독일이 1939년 폴란드를 침공하면서 인류 역사상 최대의 비극 가운데 하나인 2차 세계대전이 일어났다.

소련은 처음에 독일과 불가침조약을 맺고 이 전쟁에 휘말리지 않으려고 했다. 그러나 나치스는 영국, 프랑스 등에 대한 복수심만큼 사

---

* **전체주의(全體主義)** 개인의 모든 활동이 전체의 존립과 발전을 위해서만 존재한다는 이념 아래 개인의 자유를 억압하는 사상.

'독일을 처부수자'는 내용을 담은 소련의 포스터들(1942년).

회주의에 대한 적개심도 강했다. 동유럽을 대부분 차지한 독일은 1941년 불가침조약을 깨고 소련의 국경을 넘었다. 그리하여 1,000만 명이 넘는 소련인을 죽음으로 몰아간 독소전쟁이 2차 세계대전의 일부분으로 치열하게 전개되었다. 그러는 사이 동유럽의 저항 세력들도 게릴라 전법으로 곳곳에서 독일군에 맞서 싸웠다.

소련은 2차 세계대전 중 가장 치열한 전투 가운데 하나였던 스탈린그라드전투[1942. 8~1943. 2]에서 독일을 격퇴하고 서쪽으로 진군했다. 한편 미국은 노르망디상륙작전[1944. 6]을 성공시킨 뒤 독일 군을 동쪽으로 밀어붙였다. 체제는 다르지만 독일을 공동의 적으로 하는 두 나라 군대는 양쪽에서 협공을 펼친 끝에 전쟁을 승리로 이끌고 독일에서 만나 함께 환호하고 우정의 악수를 나누었다.

그러나 그 뒤 미국과 소련이 함께 환호할 일은 다시 일어나지 않았다. 두 나라는 패전국 독일을 동서로 나누고 미국은 서쪽에, 소련은 동쪽에 군대를 진주시켰다. 그리고 서독에는 자본주의국가, 동독에는 사회주의국가가 출현했다. 동독부터 소련에 이르는 동유럽 국가들이 모두 사회주의국가가 된 것은 두말할 나위도 없다. 나치스에 맞서 게릴라 전투를 벌이던 동유럽의 저항 세력들은 이러한 사회주의국가의 지도자가 되어 소련과 함께 서유럽 자본주의국가들에 맞서는 강력한 동맹을 이루었다. 늘 서유럽 문명의 뒤안길에 처져 있던 동유럽 나라들이 역사상 처음으로 독자적인 세력을 만들어 서유럽에 맞서는 사건이 벌어진 것이다.

유 럽 연 합 의   품 을   향 하 여

2차 세계대전이 끝난 뒤 소련을 중심으로 하는 동유럽 사회주의 나라들은 짧은 시간에 눈부신 성장을 이룩했다. 1950년대에 소련은 이미 미국에 이어 세계 2위의 정치·경제 대국으로 올라섰고, 동유럽 사회주의 체제는 서유럽과 대등한 세력을 과시했다. 1949년 중국이 공산화된 것도 동유럽 나라들에 힘이 되어 주었다.

그러나 동유럽 사회주의 체제는 출발부터 많은 어려움을 안고 있었다. 마르크스의 이론에 따르면 사회주의는 고도로 발달한 자본주의 국가에서 일어나게 되어 있었다. 그런데 소련과 동유럽은 자본주의 발달이 미약한 상태에서 사회주의로 진입했다. 그나마 소련은 스스로의 힘으로 혁명을 일으켜 사회주의를 건설했지만, 동유럽 국가들은 소련의 지원이 없었다면 사회주의로 나아가기 어려웠을 것이다.

민주화를 요구하는 체코의 프라하 시민들.

또한 사회주의란 내부 구성원 사이의 고른 발전을 전제로 하는데, 사회주의 세계 체제를 구성하는 동유럽 각국의 발전 상태는 서로 달랐다. 독소전쟁을 승리로 이끈 스탈린이 소련을 강력하게 이끌 때만 해도 보이지 않던 차이와 문제점들이 그가 죽자마자 비어져 나오기 시작했다.

1956년 헝가리의 수도 부다페스트에서는 대학생을 중심으로 약 10만 명의 시민이 참가한 반소 반공 시위가 일어났다. 이 사태가 자칫 동구권 전체의 균열을 불러올 것을 우려한 소련은 헝가리에 군대를 보내 시위 진압을 도왔다. 1968년 체코슬로바키아 수도 프라하에도 소련 군대가 진주하여 반소 데모를 진압했다. 동유럽의 다른 나라와 달리 독자적인 세력이 강했던 유고슬라비아의 티토[Tito, 1892~1980]는 일찌감치 소련과는 다른 노선을 걷기도 했다.

여기다가 소련이 스탈린 체제의 문제점을 비판하며 개혁을 추진하려 하자 중국이 이를 비난하고 나섰다. 이러한 중소논쟁은 사회주의권의 분열을 더욱 가속화시켰다. 미국을 중심으로 한 자본주의국가들은 중국과의 수교를 추진하는 등 이 분열을 이용하기 위해 애썼다. 그런 가운데 1985년 고르바초프[M. S. Gorbachgyov, 1931~]가 소련 공산당 서기장에 취임하면서 소련은 이전보다 훨씬 강력한 스탈린 비판과 체제 개혁에 돌입했다. 그리고 그 끝은 동유럽 사회주의 체제의 붕괴였다. 체제의 중심인 소련이 사회주의를 포기하는 방향으로 나아가자 소련의 도움으로 사회주의에 진입했던 동유럽 국가들이 버텨낼 수 없었던 것이다.

1989년 드라큘라의 나라 루마니아는 오랜 세월 이 나라의 사회주의를 이끌던 차우셰스쿠[Nicolae Ceausescu, 1918~1989] 대통령 부부를 전격적으로 체포하고 신속히 처형함으로써 동구권 몰락의 신호탄을 쏘았다. 그해 12월 독일을 동서로 갈랐던 베를린 장벽이 무너졌으며 동독, 폴란드, 체코슬로바키아, 헝가리 등이 잇따라 사회주의를 포기했다. 소련에서 시작된 개혁의 바람은 동구권 전체를 휩쓴 뒤 소련으로 돌아와 1991년 소련 사회주의를 무너뜨렸다.

이로써 40년 남짓한 동유럽 사회주의 실험은 막을 내렸다. 그것은 오랜 역사에서 동유럽이 서유럽에 맞서 공동의 목소리를 냈던 유일한 시간이 끝났음을 뜻했다. 이후 동유럽에서는 그동안 사회주의 이념 아래 잠자고 있던 여러 민족 간의 갈등이 터져나와 분열과 유혈 사태를 불렀다.

차우셰스쿠 전 루마니아 대통령.

베를린 장벽을 부수고 있는 베를린 시민(1989
년·왼쪽)과 1989년 헝가리 군이 오스트리아
국경을 따라 둘러쳐진 철망을 제거하는 모습.

그리고 민족 단위로 나뉜 동유럽의 여러 나라들은 다시 옛날처럼
서유럽 따라 배우기에 힘쓰고 있다. 서유럽 나라들이 오래전부터 시작
했던 유럽연합에 가입하는 것이 이들 동유럽 나라들의 목표가 되었다.
2004년에 폴란드, 헝가리, 체코 등 8개국이 유럽연합의 문을 두드렸
고, 2007년 초에 다시 루마니아와 불가리아가 유럽연합 회원국이 되
었다.

20세기 후반의 동서 냉전이 꿈이었던 양 오늘의 동유럽은 다시금
서유럽이 주도하는 유럽 통합의 흐름에 행여 뒤처질세라 힘겨운 발걸
음을 재촉하고 있다.

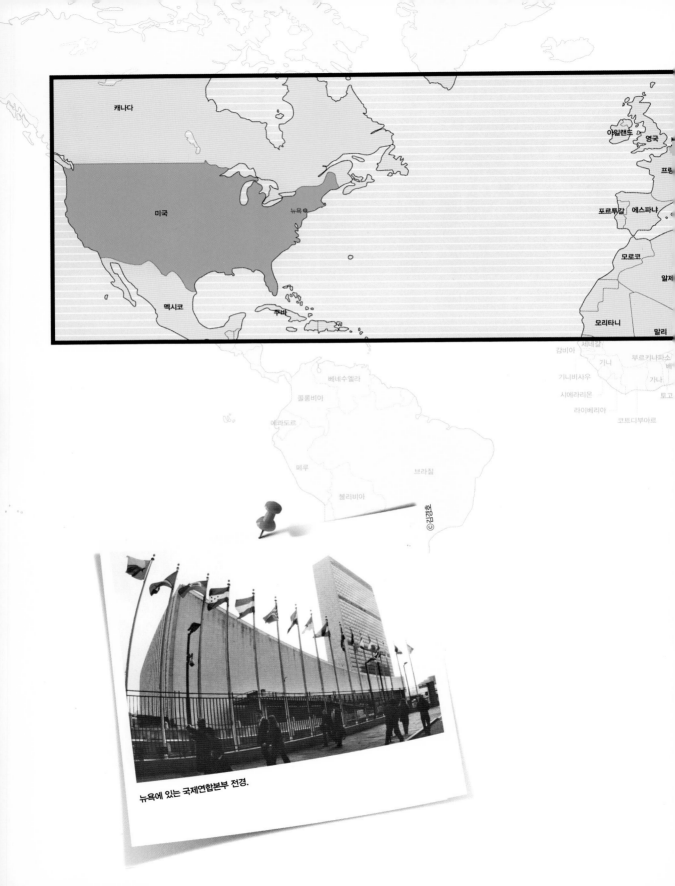

캐나다

아일랜드 영국

프랑

포르투갈 에스파냐

미국

뉴욕

모로코

알제

멕시코

모리타니

쿠바

말리

감비아 세네갈
부르키나파소
기니 베
기니비사우 가나
시에라리온 토고
라이베리아
코트디부아르

베네수엘라

콜롬비아

에콰도르

페루 브라질

볼리비아

©김경호

뉴욕에 있는 국제연합본부 전경.

21 니커보커스의 땅과 세계의 중심 도시

뉴욕의 어제와 오늘

뉴욕은 무척이나 다양한 특징을 지니고 있어 한마디로 딱 잘라 설명하기가 쉽지 않다. 우선 뉴욕은 미국 최대의 도시이자 월 가街로 대표되는 상업·무역·금융의 중심지다. 또 대서양 서쪽에 위치한 가장 중요한 무역항이며, 국제연합 본부를 중심으로 하는 국제정치의 각축장이기도 하다. 그뿐 아니라 수많은 대학·연구소·극장 등이 들어서 있어 세계 문화의 중심지로도 그 역할을 톡톡히 하고 있다. '니커보커스'라는 칠부바지를 입고 대서양을 건너온 네덜란드 사람들이 건설한 항구도시가 세계의 중심으로 우뚝서기까지 400년의 역사를 돌아보자.

니커보커스의 땅, 뉴욕

1776년 영국의 지배에서 독립한 미국은, 그로부터 14년이 지난 1790년 워싱턴을 수도로 지목했다. 그런데 우리나라의 서울에 해당하는 이 도시가 미국 정치의 중심지라면, 뉴욕은 세계경제의 중심지라 할 수 있다. 미국 프로 농구 팀인 뉴욕 닉스New York Knicks의 연고지 뉴욕은 원래 네덜란드 사람들이 살던 땅이다. 그들 역시 원주민에게 빼앗은 것이기는 하지만 말이다. 아무튼 그런 영향으로 네덜란드 사람을 가리키는 '니커보커스knickerbockers'에서 '닉스'가 떨어져 나와 농구 팀

이름에까지 붙었다.

처음 네덜란드 사람들이 이곳에 정착할 무렵인 17세기 초까지만 해도 이 땅은 뉴암스테르담이라 불렸다. 암스테르담이라면 말할 것도 없이 네덜란드 최대의 항구도시다. 그러던 것이 지금은 뉴욕, 곧 '새로운 요크'라는 이름으로 불리고 있다. 그렇다면 영국의 요크가 이 땅의 새로운 이름으로 옮겨 온 이유는 무엇일까?

뉴네덜란드의 중심지, 뉴암스테르담

2002년 한·일 월드컵을 치르면서 네덜란드는 우리에게 더 이상 먼 나라가 아니게 되었다. 월드컵 대표 팀의 사령탑이었던 히딩크[G. Hiddink, 1946~]의 조국이라는 점 때문이다. 1653년 하멜[H. Hamel, ?~1692]이 제주도로 떠내려 왔을 때까지 거슬러 올라간다면 두 나라의 인연은 꽤 오래된 편이다. 그런데 재미있는 것은 그 당시 조선 사람들이 하멜을 신기하게 여겨 갖가지 조사를 펼쳤음에도 그의 조국 네덜란드가 어떤 나라인지에 대해 별 관심을 보이지 않았다는 사실이다. 워낙에 상공업

남대서양 세인트헬레나 섬의 네덜란드 함대.

에는 관심이 없었기 때문인지 조선의 관리들은 하멜의 조국이 동남아시아 어딘가에 있는, 일본과 조공 무역을 할 정도로 하잘것없는 작은 나라라고 여겼다고 한다.

우리의 관심 밖에 있었던 '하잘것없는' 나라, 네덜란드는 17세기에 이미 세계 대양을 주름잡는 무역 강국이었다. 그리고 하멜은 아시아 일대의 상권을 쥐고 있던 네덜란드 동인도회사의 직원이었다.

그 당시 인도와 그 동쪽에 동인도회사가 있었다면, 아메리카에는 서인도회사가 자리하고 있었다. 아메리카는 이탈리아 태생의 탐험가 콜럼버스C. Columbus, 1451~1506가 발견한 신대륙이다. 그는 이 땅이 당연히 인도라고 생각했기 때문에 '서인도' 라는 이름을 붙였다. 나중에 그가 틀렸다는 사실이 밝혀졌지만, 유럽 사람들은 그것에 개의치 않았다. 같은 이유로 아메리카 원주민을 가리켜 '인도 사람' 이라는 뜻에서 인디언이라 불렀고 그 이름도 바꾸려 하지 않았다. 이렇게 인도는 유럽 사람들 가슴속에 깊이 자리하고 있었다.

네덜란드 서인도회사는 아메리카에서 기득권을 갖고 있던 에스파냐와 치열한 경쟁을 벌인 끝에 브라질을 비롯한 남아메리카 각지에서 여러 이권을 차지했다. 그러나 뭐니 뭐니 해도 이 회사가 가장 공을 들

네덜란드가 인디언으로부터 토지를 취득했음을
보여주는 증서(1631년).

인 지역은 북아메리카 동해안 일대였다. 그들은 이곳을 개척
해 식민지를 세운 뒤 '뉴네덜란드'라 불렀고, 여기에 도시를
건설해 '뉴암스테르담'이라는 이름을 붙였다.

1625년 처음 이곳으로 건너온 네덜란드 이주민들은 오늘
날로 치면 3만 원도 안 되는 적은 돈으로 이 일대를 사들여 성
과 요새를 건설했다. 초기의 뉴암스테르담은 작은 요새와 시
장, 주택가로 이루어져 있었다. 네덜란드에서 파견된 총독과
총독을 보조하는 참사회가 도시를 다스렸고, 주민들에게는
참정권이 주어지지 않았다. 그 뒤 네덜란드 서인도회사는 이
곳을 기점으로 식민지 무역에 나섰다.

뉴네덜란드와 뉴잉글랜드의 대결

뉴네덜란드가 건설될 무렵, 북쪽에는 영국의 앵글로-색슨족이 세
운 식민지인 뉴잉글랜드가 보스턴을 중심으로 자리 잡고 있었다. 100
여 명의 영국 청교도가 메이플라워호를 타고 이곳에 도착한 것이 1620
년의 일이니, 두 나라는 비슷한 시기에 아메리카에 터를 잡은 셈이다.

본국인 영국과 네덜란드의 사이가 좋지 않았기 때문인지 뉴잉글
랜드와 뉴네덜란드도 사사건건 갈등을 빚었다. 식민지의 경계선을 놓
고도 티격태격했고, 모피 거래를 둘러싸고도 종종 마찰이 빚어졌다.

그러다가 영국과 네덜란드 간에 전쟁이 벌어진 것은 1651년 영국
의 크롬웰O. Cromwell, 1599~1658이 항해조례航海條例*를 발표하면서였다. 이

---

* **항해조례** 1651년 영국 정부가 세운 해운·무역 보호법. ① 유럽 이외 지역에서 영국이나 그 식민지로 수출할 경
우, 영국이나 그 식민지의 선박으로 상품을 수송할 것 ② 유럽에서 생산한 산물을 영국이나 그 식민지로 수출할
경우, 영국 선박이나 산지국 또는 최초 선적국의 선박으로 수송할 것 ③ 외국품의 선적은 산지국 또는 최초의 선
적국 항구에서 할 것 등의 내용을 규정하고 있다.

때 영국은 자신이 관할하는 바다에서 활동하는 네덜란드 선박을 수색하겠다고 선언했다. 해상무역에 국운을 걸고 있던 네덜란드로서는 결코 순순히 받아들일 수 없는 일이었다. 이듬해 두 나라 사이에는 전쟁이 벌어졌다. 1674년까지 세 차례에 걸쳐 치열한 공방이 전개된 끝에 승리는 영국에 돌아갔고, 네덜란드는 뉴암스테르담을 빼앗기는 아픔을 겪었다.

네덜란드로부터 뉴암스테르담을 넘겨받은 영국 왕 찰스 2세^{Charles}는 동생 제임스 2세^{James II, 1633~1701}에게 이 도시의 관할권을 넘겨주었다. 이때부터 이곳은 요크 공^{Duke of York}이라는 제임스 2세의 작위명을 따 '뉴욕'이라 불리게 되었다. 영국은 뉴암스테르담의 기존 질서를 존중하는 한편 니커보커스의 자유로운 상거래도 허용한다고 약속했다. 그 약속은 대체로 지켜진 것 같다. 300여 년이 지난 뒤에도 니커보커스에서 유래한 이름을 가진 농구단이 뉴욕 시민의 사랑을 받으며 맹활약하고 있으니까. 그러나 그 당시 전쟁에서 패배한 네덜란드 본국은 해상권을 잃고 사회적으로나 경제적으로 쇠퇴의 길을 걷게 되었다.

세계의 중심 도시

뉴욕을 대표하는 농구단이 뉴욕 닉스라면, 뉴욕을 대표하는 야구단은 뉴욕 양키스^{New York Yankees}다. 물론 한국인 투수 서재응과 박찬호가 활약했던 뉴욕 메츠^{New York Mets}도 있다. 그러나 메츠는 '메트로폴리탄^{Metropolitan}'에서 유래한 말로 단지 거대한 도시라는 뉴욕의 특징을 알려 줄 뿐이다. 반면 양키스는 남북전쟁 때 노예제도에 반대한 북부 병사를 가리키던 말로 좀 더 뉴욕 사람들의 가슴에 와 닿는다.

1861년부터 4년간 벌어진 남북전쟁은 미국의 운명을 결정짓는 내전이었다. 그 당시 노예제도를 고수한 남부가 대농장 제도에 경제적 기반을 두었다면, 북부는 상공업에 사활을 걸고 있었다. 북부가 전쟁에서 승리하자 미국은 근대적 상공업을 급속도로 발전시켜 경제적 번영의 토대를 마련할 수 있었다. 그리고 그 중심에는 항상 뉴욕이 자리잡고 있었다.

뉴욕은 뉴암스테르담에서 이름을 바꾼 뒤로 계속해서 뉴잉글랜드의 중심지였고, 영국에서 독립한 뉴잉글랜드가 미국으로 변모한 뒤로도 나라의 중심지로 남았다. 독립한 지 14년 만인 1790년에 행정 수도는 초대 대통령의 이름을 딴 신도시 워싱턴으로 옮겨 갔다. 그러나 뉴욕은 여전히 미국의 상업·금융·무역의 중심지로서, 공업 도시로서 경제적 수도의 지위를 누려 왔다. 그리고 1920년대부터는 런던을 대신해 세계 금융의 중심지가 되었으며, 2차 세계대전이 끝난 뒤인 1946년에는 이곳에 국제연합UN 본부가 설치되어 명실 공히 국제정치의 중심지로도 자리 잡았다.

남북전쟁 당시 빅스버그 전투 모습.

그러나 뉴욕에도 어두운 그늘은 있다. 뉴욕을 상징하는 양키는 남북전쟁 당시 남부 사람들이 북군 병사를 멸시하여 부르던 호칭인데, 오늘날 미국의 패권주의*에 반대하는 세계시민들은 오만한 미국인을 가리키는 말로 이 호칭을 즐겨 쓰고 있다. 지금은 세계 어디를 가도 "양키 고 홈!Yankee go home!"이라는 말을 흔하게 들을 수 있다. 2001년 9월 11일에는 가장 극단적인 반미 세력이 뉴욕의 심장부에 항공기 테러를 감행하기도 했다. 뉴욕 닉스

* **패권주의** 강대한 군사력을 배경으로 세계를 지배하려는 제국주의 정책.

뉴욕의 증권거래소 모습.

를 사랑하는 뉴욕 시민들은 이 도시가 과거 3만 원짜리에 지나지 않았다는 사실을 상기하며 겸허한 마음과 개척 정신을 잃지 말아야 할 것이다.

모로코

알제리

멕시코

쿠바

도미니카공화국

온두라스

과테말라

엘살바도르

니카라과

코스타리카

파나마

베네수엘라

가이아나

수리남

콜롬비아

에콰도르

모리타니

말리

세네갈

감비아

부르키나파소

기니

베냉

기니비사우

가나

시에라리온

토고

라이베리아

적도:

코트디부아르

페루

브라질

볼리비아

칠레

파라과이

아르헨티나

우루과이

아프리카에서 잡아온 흑인을 브라질 사탕수수 공장으로 파는 광경.

세 인종의 이민과 혼혈의 역사

라틴아메리카의 어제와 오늘

아메리카 대륙은 북쪽의 앵글로아메리카와 남쪽의 라틴아메리카로 나뉜다. 앵글로아메리카는 앵글로–색슨계, 즉 영국의 식민 지배를 받았던 지역을 가리키는 말이고, 라틴아메리카는 라틴계, 즉 에스파냐와 포르투갈의 식민 지배를 받았던 지역을 이른다.

라틴아메리카는 다시 수백 년 간 이루어진 혼혈의 결과에 따라 세 가지로 나뉘곤 한다. 라틴계 백인과 원주민 인디오의 혼혈인 메스티소가 주류를 차지하는 메스티조아메리카, 백인 및 백인계 혼혈인 크리올료가 주류를 이루는 유로아메리카, 아프리카에서 잡혀 온 흑인 노예와 흑인계 혼혈인 삼보가 주류를 이루는 아프로아메리카 등 세 가지이다. 라틴아메리카는 오늘도 이 세 가지 계통의 역사와 전통이 섞인 채 부글부글 끓어오르고 있다.

'하얀 신'의 귀환

1519년 에스파냐의 신식민지 탐험대장 에르난 코르테스[1485~1547]는 병사 508명과 말 16필을 이끌고 오늘날의 멕시코 유카탄반도에 상륙했다. 당시 멕시코 땅에는 수천 년 전에 베링 해협을 건너 아시아에서 아메리카로 건너간 황인종의 후예들이 아스텍 문명을 이루고 살아가고 있었다.

본래 아메리카 대륙에는 말이 없었다. 총과 대포도 없었다. 코르테스 부대는 비록 적은 수였지만 아스텍 주민들에게 공포감을 주기에

코르테스. 아스텍 주민들은 코르테스를 케찰코아틀로 믿고 반갑게 맞이했다.

충분했다. 그뿐 아니었다. 아스텍에는 오래된 전설이 하나 있었다. 9세기에 이 지역에는 톨텍이라 불리는 왕국이 있었는데 당시 왕의 이름이 케찰코아틀이었다. 그는 국내의 군사 집단과 싸우다 패배하여 나라를 떠났다고 한다. 그런데 사람들 사이에는 언젠가 케찰코아틀이 돌아올 것이라는 믿음이 퍼져 나가 오랜 세월이 흐른 뒤에도 그 믿음이 지속되었다.

더욱이 다시 돌아온다는 케찰코아틀은 황인종인 이 지역 원주민들과는 달리 흰색의 피부를 가지고 있었던 것으로 전해진다. 아스텍 사람들은 병사와 말과 대포를 이끌고 나타난 백인 탐험가 코르테스야말로 돌아온 케찰코아틀이라고 생각했다고 한다. 아스텍의 왕 몬테수마 2세는 케찰코아틀이 돌아왔다는 사람들의 믿음을 거스르지 못하고 코르테스에게 왕국의 수도인 테노치티틀란으로 들어오는 것을 허락하였다.

그러나 코르테스는 아스텍 사람들을 구원하러 온 신이 아니라 세속적 야망과 탐욕으로 가득한 파괴자였다. 코르테스는 교묘하게 몬테수마 2세를 움직여 그를 포로로 삼고 에스파냐 왕에게 충성을 맹세하도록 했다. 1520년 6월 아스텍 사람들이 반란을 일으켜 수많은 에스파냐인을 죽이자 코르테스는 몬테수마 2세를 움직여 성벽에서 사람들을 설득하게 했다. 그러나 분노한 사람들은 왕에게 돌을 던졌고 왕은 며칠 뒤 숨을 거두고 말았다. 이때 쫓겨난 코르테스는 이듬해 병력을 이끌고 테노치티틀란으로 들어가 아스텍 사람들을 잔인하게 학살하고 수천 년에 걸쳐 쌓아 온 황인종의 고대 문명을 파괴했다. 그리하여 아스텍은 에스파냐의 식민지가 되었고 테노치티틀란은 오늘날의 멕시코 시티로 재건되었다.

남아메리카에서 꽃피고 있던 황인종의 문명은 아스텍만이 아니었

아타우알파의 처형. 아타우알파의 비극은 아메리카 역사 중 가장 잔악한 사건이다.

다. 그보다 남쪽의 안데스산맥 기슭, 지금의 페루 일대에는 잉카제국이라는 고도로 발달한 문명국가가 자리 잡고 있었다. 잉카는 페루를 중심으로 북쪽의 에콰도르와 남쪽의 칠레 북부, 아르헨티나 북부까지 세력을 뻗친 광대한 제국이었다. 이곳에는 1531년 프란시스코 피사로[1475~1541]라는 또 다른 에스파냐 탐험가가 180명의 부하와 27필의 말을 이끌고 들이닥쳤다. 그는 이미 에스파냐에서 코르테스를 만나 원주민을 다루는 방법에 대해 조언을 들은 터였다.

당시 잉카제국은 아타우알파가 내란 상태에 빠져 있던 정국을 수습하고 황제의 자리에 오른 상태였다. 피사로는 1532년 아타우알파 황제를 찾아가서 기습적으로 그를 체포한 뒤 이듬해 에스파냐 황제에 대한 반란 혐의로 사형시켜 버렸다. 그리고는 전광석화와 같은 작전으로 잉카제국을 점령해 에스파냐의 식민지로 삼았다. 그 뒤 잉카제국의 수도였던 쿠스코 지역에 건설된 도시가 오늘날 페루의 수도인 리마이다.

이처럼 원주민은 그들이 고대했던 '하얀 신'에게 철저히 유린당했다. 그런데 아스텍과 잉카를 철저히 파괴한 에스파냐인이었지만, 북아메리카의 영국인처럼 원주민을 극한까지 배척하고 멸종시키지는 않았다. 에스파냐는 오랫동안 이슬람 세력의 지배를 받아 왔기 때문에 이질적인 문화, 다른 인종과의 공존이 그리 낯선 일이 아니었다. 그들이 아메리카 대륙으로 진출한 것도 이슬람 세력에게 빼앗긴 땅을 되찾는 '레콩키스타'* 과정에서 나온 일이었다. 그래서 남아메리카에 진출한

* 레콩키스타 711~1492년까지 780년 동안 에스파냐의 크리스트교도가 이슬람교도에 대하여 벌인 국토회복운동.

에스파냐인과 원주민 사이에는 광범위한 혼혈이 진행되었다. 또한 오늘날까지도 멕시코, 페루 등지에는 아스텍과 잉카 시절의 행정구역과 원주민의 생활 방식이 그대로 남아 있는 곳이 많다. 현대 메스티소 아메리카 사회는 이러한 역사적 배경 위에서 이루어졌다.

황금은 삼바 리듬을 타고

쿠바 섬은 콜럼버스가 맨 처음 발견한 남아메리카 지역 중 하나다. 1492년 그가 쿠바 섬에 도착했을 때 그곳에는 시보네족, 타이노족 등 5만여 명의 황인종 원주민들이 매우 발달한 방법으로 농사를 지으며 평화롭게 살고 있었다. 그러나 이들은 30여 년 만에 전멸하다시피 했다. 쿠바는 에스파냐와 아메리카 대륙을 잇는 교통의 요지에 해당하기 때문에 에스파냐는 이곳을 총독령으로 만들고 신대륙 경영의 기지로 삼았다. 1514년 벨라스케스라는 에스파냐인이 쿠바 섬을 정복하고 식민지로 삼은 뒤부터 원주민들은 사금을 채취하고 농장을 경작하는 일에 혹사당해야 했다. 그러다가 반란을 일으켜 학살을 당하거나 백인들이 갖고 온 전염병에 집단 감염되어 쓰러져 갔다.

이렇게 혹사당한 원주민이 멸종 지경에 이르렀을 때 에스파냐 정복자들이 대안으로 동원한 노동력이 아프리카 흑인 노예였다. 당시 아프리카와 아메리카 사이의 대서양은 노예들을 실어 나르는 무역선으로 성황을 이루었다. 16세기 초부터 19세기까지 쿠바에 수입되어 담배와 사탕수수를 재배하는 데 동원된 흑인 노예의 수는 무려 100만 명에 이르렀다고 한다.

흑인 노예가 대량으로 수입된 곳은 또 있었다. 쿠바 섬 남쪽에 아마존 강을 따라 펼쳐져 있는 브라질이 그곳이다. 1500년, 이곳에 처음

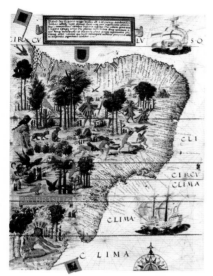

브라질 나무를 벌채하고 있는 원주민들이 표현되어 있는 최초의 브라질 지도.

도달한 서양인은 포르투갈 해군 사령관인 페드루 알바레스 카브랄1467~1520이었다. 당시 브라질 지역에는 투피과라니라고 불리는 황인종 원주민이 살고 있었는데, 그들은 농경 문명사회를 이룩한 아스텍, 잉카 쪽 사람들과는 달리 떠돌아다니는 유목 생활을 하고 있었다. 따라서 포르투갈 사람들에게도 이 지역은 그다지 매력이 없는 땅이었다.

그런데 값비싼 붉은 염료를 함유한 브라질brasil이라는 나무가 발견되면서 사정은 달라졌다. 1530년 포르투갈 사람 마르팀 아폰수 데 소사에 의해 본격적인 브라질 식민지 개발이 시작되었고, 원주민들은 대규모 사탕수수 농장에서 노동자로 일하게 되었다. 쿠바와는 달리 이곳에서는 예수회 선교단이 원주민을 교육하고 그들을 보호하는 역할을 했기 때문에 원주민이 멸종 지경에 이르는 일은 일어나지 않았다. 사탕수수 농장 일에는 수입된 흑인 노예가 투입되는 일이 점점 많아졌다.

포르투갈 사람들은 대서양 연안을 따라 형성된 식민지로부터 점점 아마존 강을 따라 내륙의 오지로 들어갔다. 상파울루의 백인 주민으로 이루어진 '반데이란테'라는 소규모 사병 집단은 내륙으로 들어

방금 도착한 흑인 노예들이 휴식을 취하는 장면.

가면서 원주민을 잡아 노예로 부려 먹고, 그들로부터 얻은 정보를 가지고 황금의 땅을 찾아 더욱더 깊은 오지로 들어갔다. 그런 탐험의 여정이 100년 넘게 이어지던 18세기 초, 만디케이라산맥의 계곡을 따라 내륙 깊숙이 들어가던 반데이란테는 개울가에 유난히 빛나는 모래를 발견했다. 유구한 세월이 흐르는 동안 계곡 물이 씻기고 씻기면서 퇴적된 황금 알갱이들이었다.

미나스제라이스라고 불리는 이 지역은 그야말로 노다지를 캐서 한몫 잡으려는 사람들로 발 디딜 틈이 없게 되었다. 금광이 발견된 지 얼마 되지 않아 이곳에는 포르투갈 사람만 해도 30만 명이 넘게 찾아와서 북적거렸다. 그때까지만 해도 주로 북아메리카와 쿠바 등 중부아메리카로 향하던 아프리카 노예 무역선은 이제 행선지를 브라질로 돌렸고, 미나스제라이스는 세계 최대의 금 수출지로 급부상했다.

이처럼 쿠바와 브라질 지역에는 금광과 사탕수수 농장 등에 필요한 수많은 흑인 노예가 수입되었다. 특히 원주민이 멸종하다시피 한 쿠바에서는 다른 라틴아메리카 지역과 달리 흑인 반란과 폭동이 많이 일어났다. 세월이 흐르면서 이 지역에는 흑인과 다른 인종이 혼합된 삼보라는 혼혈인이 많이 살게 되었다. 브라질의 격정적인 춤 삼바는 바로 이러한 삼보의 춤이다. 쿠바와 브라질에서 유난히 율동적인 아프리카 음악이 발달한 것은 흑인 노예가 집중적으로 수입되었던 역사적 배경 때문이라고 할 수 있다.

라틴
아메리카의
오늘

518년의 굴레를 벗기 위하여

라틴아메리카를 에스파냐와 포르투갈의 식민 지배에서 해방시킨 것은 이곳에 이주하여 살아온 백인들이었다. 크리올료라고 불리는 라틴아메리카의 백인들은 19세기 들어 미국 독립, 프랑스혁명 등의 영향을 받아 본국에 대해 반기를 들었다. 미국의 백인들이 본국인 영국에 반란을 일으켜 독립을 쟁취한 것과 같다고 할 수 있다. 이러한 크리올료의 독립 투쟁을 상징적으로 대변하는 인물이 시몬 볼리바르1783~1830다.

그는 에스파냐에 대항하여 콜롬비아, 베네수엘라, 에콰도르를 해방시키고 1822년 이를 합한 대 콜롬비아공화국을 수립했다. 또 이듬해에는 페루의 독립운동가 산 마르틴과 함께 페루 북부에 볼리비아공화국을 세웠다. 그는 남아메리카를 하나로 묶는 독립국을 건설하고자 했으나, 그가 세운 대 콜롬비아공화국은 각 세력의 이해관계에 따라 분열했고 그의 이상은 실패로 돌아갔다.

20세기에 들어서면서 에스파냐가 물러간 자리에는 미국이 들어와 온갖 경제적 이권을 차지하고 남아메리카의 정치 상황에 개입했다. 미국은 남아메리카의 경제 구조를 자기 나라에 종속시키고, 남아메리카에 민족주의적, 사회주의적 반미 정권이 들어서는 것을 철저히 차단했다. 1970년 선거를 통해 칠레 대통령이 된 아옌데^{1908~1973}가 산업 국유화, 농지개혁 등 사회주의 정책을 펼치자 1973년 군부 쿠데타를 지원해 제거한 사례가 대표적이다.

시몬 볼리바르는 오늘날 남아메리카의 자주 독립을 상징하는 인물로 강력하게 남아 있다. 1992년 쿠데타를 일으켜 베네수엘라의 정권을 차지한 우고 차베스^{Hugo Chavez, 1954~}는 1998년과 2000년 선거에서 국민의 신임을 받은 뒤 나라 이름을 베네수엘라 볼리바르 공화국으로 바꾸었다. 그리고 '21세기 볼리바르 사회주의 혁명'을 달성하겠다면서 쿠바 등 사회주의국가와 연대하여 강력한 반미 전선을 펼쳤다.

우고 차베스가 연대의 대상으로 삼은 쿠바는 남아메리카에서 가장 먼저 반미 사회주의 노선으로 나아간 나라였다. 일찌감치 원주민이 몰락하고 흑인 노예들로 대체되었던 쿠바 지역에서는 17, 18세기에 걸쳐 여러 차례 흑인 반란이 일어났다. 19세기 들어서는 독립을 요구하는 크리올료와 노예 해방을 요구하는 흑인이 힘을 합쳐 에스파냐와 싸웠다. 1868년부터 10년에 걸친 1차 독립 전쟁과 1895년부터 일어난 2차 독립 전쟁 끝에 쿠바는 독립과 노예 해방을 쟁취했다. 2차 독립 전쟁의 주역인 호세 마르티^{1853~1895}는 오늘날까지도 쿠바의 아버지로 추

시몬 볼리바르. 남아메리카의 해방자 또는 국부로 숭배되고 있다.

앙받고 있다.

그런데 2차 독립 전쟁이 한창이던 1898년, 쿠바의 수도인 아바나 항에 정박해 있던 미국 국적의 메인호에서 의문의 폭발 사건이 일어나 사태를 엉뚱한 방향으로 몰고 갔다. 이 사건을 이유로 미국은 에스파냐에 선전포고를 하고 쿠바의 독립 전쟁에 개입했으며, 쿠바가 독립하는 데 힘을 보태 주었다. 그러나 이로 말미암아 쿠바는 미국의 영향권 아래 놓이게 되었고, 미국의 조종을 받는 독재 정권이 잇달아 등장하여 쿠바 국민의 고혈을 짜곤 했다. 그러자 카스트로와 체 게바라가 이끄는 혁명군이 1959년 바티스타 친미 독재 정권을 축출하고 미국의 턱 밑에서 강력한 반미 사회주의 노선을 걸어 나갔다.

아스텍의 나라 멕시코에는 아직도 많은 원주민들이 농사를 지으며 살고 있으며, 이들은 멕시코 사회의 하층을 이루고 있다. 멕시코는 1821년에 에스파냐로부터 독립했으나 이 나라의 농민은 미국에 예속된 부패 정권 아래서 고통을 받아 왔다. 1911년 빈농과 공동체 농민(원주민)을 이끌고 독재 정권에 맞서는 혁명을 일으켜 오늘날도 멕시코 농민의 영웅으로 추앙받고 있는 사람이 있었으니, 에밀리오 사파타Emiliano Zapata, 1879~1919다. 그는 혁명 지도자 마데로Fancisco Madero, 1873~1913를 도와 혁명을 성공시켰으나, 마데로가 농민을 위한 토지개혁을 실행하지 않자 농민들과 함께 정부에 대해 무장투쟁을 벌이다가 암살당했다.

사파타의 정신은 멕시코 농민과 진보적 지식인들 사이에 전해져 내려오다가 1994년 NAFTA*가 체결되자 새로운 혁명군으로 되살아났다. NAFTA가 멕시코 경제를 미국에 종속시키고 멕시코 농민을 질식시킨다고 판단한 혁명적 지식인들은 원주민들이 많은 치아파스 주에서 '사파티스타민족해방군'이라는 이름으로 무장봉기를 일으켰다.

* NAFTA 북미자유무역협정. 미국·캐나다·멕시코 3국이 관세와 무역장벽을 폐지하고 자유무역권을 형성한 협정.

쿠바 아바나 혁명광장에 모인 라틴아메리카 학생들.

'사파티스타'란 말에는 혁명 영웅 사파타의 노선을 계승한다는 뜻이 담겨 있다. 이들은 밀림을 거점으로 반정부투쟁을 벌이면서 전 세계의 진보 진영을 상대로 반세계화 운동을 확산시키는 데도 힘을 쏟았다.

항상 얼굴을 가리고 나타나 사파티스타의 대의와 노선을 대변하곤 했던 마르코스라는 인물은 체 게바라 못지않은 유명인이 되었다. 그는 언론과의 인터뷰에서 "언제 얼굴을 가린 가면을 벗을 것이냐?"라는 질문에 대해 "멕시코가 가면을 벗는 날"이라고 대답했다. 콜럼버스가 아메리카 대륙에 도달한 이래 민중의 이익에 반하는 체제가 유지되어 온 멕시코의 현실을 빗댄 말이다.

사실 멕시코를 포함한 라틴아메리카는 다양한 인종 집단이 다양한 문화를 일구어 왔기 때문에 사회적인 안정만 이룬다면 지구상의 어느 지역보다도 다채롭고 흥미진진한 삶이 펼쳐질 수 있는 조건을 가지고 있다. 그러나 대포와 말을 끌고 들어온 소수의 백인 침략자들이 고도로 발달한 문명을 파괴하고 원주민과 흑인 노예를 혹사하던 비극의 역사는 아직도 이 대륙에 짙은 그늘을 드리우고 있다. 안타깝게도 화해와 화합으로 가는 길은 아직도 멀다.

대양과 인류 문명

미지의 심연에서
문명의 대수로로

4

인류 4대 문명의 발생지는 하나같이 큰 강을 끼고 있다. 큰 강을 중심으로 문명을 일군 인류는 점차 활동 무대를 넓혀 가다가 마침내는 바다에 다다르게 되었다. 그리고는 끝없이 펼쳐진 바다를 보며 그 너머에는 무엇이 있을지 궁금해하기 시작했다. 그러한 호기심은 선박 건조술을 발달시키고 항해술과 천문을 발달시켰으며, 대양을 사이에 둔 여러 민족의 삶을 이어주었다. 대양은 호기심의 대상에서 인류 문명의 원동력이자 대혈맥으로 바뀌었다.

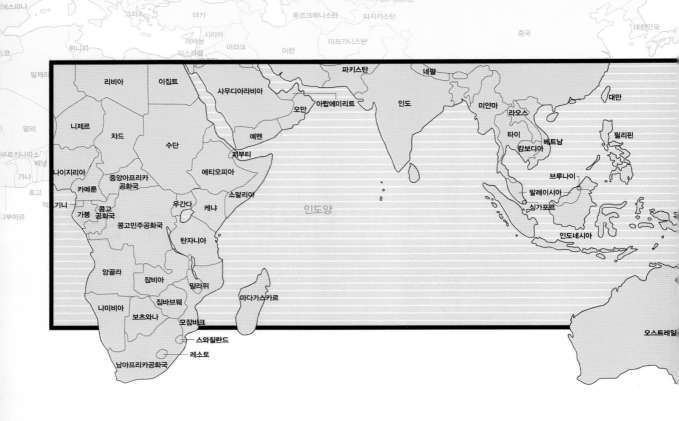

리비아	이집트		사우디아라비아		파키스탄		네팔			대만

니제르
차드
수단
오만
아랍에미리트
인도
미얀마
라오스
리비아
이집트
사우디아라비아
파키스탄
네팔
대만
예멘
타이
베트남
필리핀
나이지리아
중앙아프리카
공화국
지부티
캄보디아
에티오피아
소말리아
브루나이
카메룬
적도기니
우간다
케냐
말레이시아
가봉
콩고
공화국
콩고민주공화국
싱가포르
탄자니아
인도양
인도네시아
앙골라
잠비아
말라위
나미비아
짐바브웨
마다가스카르
보츠와나
모잠비크
오스트레일
스와질란드
남아프리카공화국
레소토

인도양에 있는 미군 군사기지 데에고가르시아 섬.

23 정화의 서진과 서구 제국주의의 동진

인도양의 어제와 오늘

인도양은 말 그대로 인도의 바다다. 아시아와 아프리카 대륙 사이에 펼쳐져 있는 이 대양은 5대양 가운데 인류의 삶과 가장 오랫동안 관계를 맺어왔다. 유라시아 대륙을 관통하는 실크로드와 비교되어 '해상 실크로드'라고도 불린다. 인도양이 품고 있는 동서 교류의 추억을 살짝 드러내 보자.

젊지만 오래된 바다, 인도양

지구상에 첫발을 내디딘 이래로 인류는 줄곧 육지에서 생활해 왔다. 그렇다고 바다를 멀리한 것은 아니었다. 생활의 터전을 뭍에 둔 채 바다에서 고기를 낚았고, 바다를 오가며 물품을 교역했으며, 바다 건너에 있는 가까운 이웃 나라의 땅을 침범하기도 했다. 그러나 오랜 세월 인류는 바다 건너 저 멀리까지는 나갈 엄두를 내지 못했다. 미지의 세계에 대한 두려움도 있었겠지만, 바다 저편으로 나가려면 큰 배를 만드는 기술과 바닷길을 헤쳐 나갈 수 있는 항해술이 뒷받침되어야만

했기 때문이다.

　태평양, 인도양, 대서양을 아울러 3대양이라 부른다. 여기에다 북극해와 남극해를 합쳐서 5대양이라고 하지만, 인류 역사에서 의미를 갖는 것은 아무래도 3대양으로 제한될 수밖에 없다. 이 가운데 인도양은 여기에 딸린 부속해*를 제외하더라도 그 넓이가 7,344만km²에 이르지만 3대양 중에서는 가장 작다. 지질학적으로도 가장 최근에 형성되었다. 그러나 인류 문명과의 관계에서 보면 인도양이 가장 오래된 바다라 할 수 있다. 인도양 주변에는 아프리카와 아라비아반도, 인도 등 오랜 역사를 지닌 굵직굵직한 문명의 발상지가 즐비하기 때문이다.

　인도양을　지배하는　소수민족,　화교

　'차이나타운'으로 상징되는 해외 거주 중국인, 곧 화교는 미국이나 유럽에서도 무시할 수 없는 존재들이다. 그들은 특히 동남아시아에서 막강한 경제력을 바탕으로 이 지역의 상권을 장악하고 있다. 이렇게 막강한 세력을 바탕으로 전 세계를 주름잡는 화교의 기원은 지금으로부터 12세기 전으로 거슬러 올라간다. 당나라 말기부터 송나라 시대까지 북방 유목민의 침입과 전쟁이 잦아지면서 양쯔강 이남의 강남 지방으로 많은 중국인이 이주해 왔다. 이것이 화교의 시작이다. 그중 동남아시아 화교는 대부분 15세기 명나라 장군인 정화鄭和, 1371?~1435의 인도양 원정과 더불어 형성됐다.

복원된 정화 함선.

＊부속해 대양에 비해 생성 연대가 오래되지 않았고 면적이 작으며 수심도 얕은 바다.

중국 푸젠 성에 세워진 정화의 동상.

명나라 황제 영락제^{永樂帝, 1360~1424}의 명을 받은 정화는 200척이 넘는 대선단에 2만 명이 넘는 사람을 싣고 싱가포르, 자바^{인도네시아의 섬}, 수마트라^{인도네시아에서 두 번째로 큰 섬}, 실론^{스리랑카의 옛 이름}, 인도 등을 거쳐 아프리카에 이르는 대항해를 일곱 차례나 이끌었다. 그가 지휘하는 배는 '서양의 보물을 모아 온다.'는 뜻에서 '서양 취보선^{西洋取寶船}'이라 불렸다. 서양 취보선은 이름 그대로 인도양 일대의 나라에서 향신료·보석 등 귀중품과 기린 등의 희귀 짐승, 그리고 각국의 사절을 싣고 의기양양하게 돌아오곤 했다.

정화의 원정대는 중국이 세계의 중심이라는 중화사상을 정신적 바탕으로 삼고 있었기 때문에 '위압적'이기는 해도 대체로 '평화적'으로 움직였다. 곧 인도양 주변 나라들에 중국 황제의 위대함과 중화 문명의 우수함을 전파할 목적으로 항해에 나섰던 것이지, 식민지를 개척하거나 재물을 약탈할 생각은 없었다. 그렇기 때문에 그의 원정대가 가는 곳에서는 위압감과 두려움은 있었을지언정 파괴와 살육이 대규모로 벌어지지는 않았다.

그때 정화의 취보선을 따라 동남아시아 각국으로 퍼져 나갔다가 그곳에서 살게 된 중국 사람들은 전통 문화를 고수하며 살아가는 상호 보조적 공동체를 형성했다. 그 덕에 그들은 화교라는 정체성을 잃지 않고 오늘날까지 이어 올 수 있었다.

인 도 양 의 정 신 세 계 지 배 자 , 이 슬 람 교

오늘날 동남아시아 각국의 경제는 화교가 장악하고 있지만 정신 세계는 대부분 이슬람교의 영향 아래 있다. 인도네시아, 말레이시아, 싱가포르 등 동남아시아뿐 아니라 인도양에 인접해 있는 나라들 역시

대체로 이슬람교를 신봉하고 있다.

인도양 주변국 가운데 이집트와 아라비아반도의 여러 나라가 이슬람교를 신봉하는 것은 당연한 일이다. 그 지역에서 이슬람교가 태어났기 때문이다. 그런데 어떻게 해서 지리적으로 멀리 떨어져 있는 파키스탄이나 수마트라, 자바 등지에까지 이슬람교가 널리 퍼질 수 있었을까?

그 까닭은 이슬람교의 발원지인 아라비아반도 사람들이 유능한 상인이라는 데서 찾아볼 수 있다. 그들은 일찍부터 육지의 실크로드와 지중해를 오가며 중국과 유럽 사이의 중계무역으로 톡톡히 재미를 보고 있었다. 그러다가 12세기 십자군 전쟁이 일어나자 지중해 무역이 큰 타격을 받았다. 게다가 13세기에는 몽골제국이 육상 무역의 중심지인 실크로드를 장악해 버렸다. 그렇게 되자 이슬람 상인들은 더 이상 육상에서 움직일 수 없었고, 어쩔 수 없이 드넓은 바다로 눈을 돌렸다. 그리하여 동아프리카 탄자니아의 인도양 연안에 있는 킬와 섬으로부터 인도 남부의 구자라트를 거쳐 9세기 인도네시아에 세워진 이슬람 왕국 펄락까지 인도양 곳곳을 누비기 시작했다. 그러면서 교역 물품뿐 아니라 이슬람교와 이슬람 문화까지 전파하게 되었다.

이러한 인도양의 이슬람화 추세는 정화가 원정에 나선 15세기 들어 더욱 속도가 붙었다. 정화가 이슬람교와 무슨 상관이 있었기에 그의 원정이 인도양의 이슬람화를 더욱 부추겼을까? 정화의 이름은 원래 마삼보馬三保로, 모슬렘이슬람교도 집안 태생이다. 몽골인이 지배하던 원나라 때는 이슬람계 사람들을 우대하던 정책을 썼기 때문에 정화의 집안은 윤택하게 살았다. 그러나 원나라가 망하자 정화의 아버지는 살해되고 정화는 거세去勢당했다. 그런 불운 끝에 정화는 명나라 영락제에 의해 전령傳令으로 뽑혀 '인생 대역전'의 기회를 맞았다. 황제의 전령이 되어 인도양 전역을 누볐던 정화는 당연히 이슬람 상인들의 지지를 받았다. 그리고 그의 대선단은 인도양 전역에 이슬람교를 전파하는 발판이 되었다.

　　그러나 정화의 영광은 오래 가지 않았다. 농업을 중시하고 대외교류를 탐탁하지 않게 여기던 유학자 관료들 때문인지 명나라는 곧 쇄국정책으로 돌아섰다. 정화는 좌천되었고 대선단은 양쯔 강揚子江에서 썩어 갔다. 하지만 지금도 정화는 인도양 곳곳에서 바다의 신으로 추앙받고 있고, 화교와 이슬람의 바다인 인도양은 대원정에서 보여준 그의 활약상을 똑똑히 기억하고 있다.

인도양의
오늘

인 도 양 을 휩 쓴 피 와 폭 력 의 물 결

　　1498년 5월, 38세의 젊은 원정대장 바스코 다가마Vasco da Gama, 1460~1514가 이끄는 포르투갈 선단이 인도의 무역항 캘리컷코지코드에 도착했다. 아프리카 남단을 우회하는 10개월의 대장정을 성공리에 마친 것이다. 그들은 시에라리온'사자산獅子山'이라는 뜻으로, 서아프리카 남쪽에 위치한 나라 앞바다에서 아프리카 해안을 따라 남하해 아프리카 남단 희망봉까지 내려갔다. 무려 6,400km에 이르는 대장정이었다. 이것으로 1492년 콜럼버스C. Columbus, 1451~1506의 대서양 횡단과 더불어 유럽 사회에 대항해 시대가 활짝 열렸다.

　　포르투갈 함대가 선원과 군인 외에도 통역관, 선교사, 역사학자, 지도 전문가 등을 데리고 수도인 리스본을 떠난 것은 1497년 7월이었다. 조류와 바람의 진로에 밝은 바스코 다가마의 지휘에 따라 무사히 희망봉을 돈 함대는 이듬해 1월 동아프리카에서 처음으로 시련을 맞았다. 수많은 선원들이 괴혈병으로 기운을 잃거나 잇몸이나 피부 등에서 피가 나며 빈혈을 일으키면서 쓰러졌다. 2월에는 아프리카 남동

남아프리카공화국의 케이프반도 끝 등대에서 바라본 희망봉.

바스코 다가마의 초상화(왼쪽)와 인도의 캘리컷에 있는 바스코 다가마의 동상.

부의 모잠비크에서 이슬람교도인 원주민들과 격렬한 전투를 벌여야 했다. 그리고 4월, 오늘날 동부 아프리카 최대의 항구인 몸바사에서는 배가 불살리는 불운을 겪기도 했다.

가까스로 끔찍한 악몽에서 벗어난 함대가 도착한 곳은 케냐 남동부의 무역항 말린디였다. 이전에 정화가 이끌었던 중국 선단의 자취가 곳곳에 남아 있는 이곳에서 한숨 돌린 함대는 몸을 추슬러 정화의 원정로를 거슬러 올라갔다. 그리고 마침내 꿈에 그리던 인도에 도착할 수 있었다.

포르투갈 선원들은 주앙 2세^{Joao II, 1455~1495}의 문장紋章과 십자가 문양을 새긴 화강암 기둥을 가득 싣고 가서 상륙하는 해안마다 박았다. 주앙 2세는 귀족들의 반대를 무릅쓰고 아프리카와 인도 탐사를 재개한 포르투갈 왕이었다. 자기네 왕의 상징을 말뚝처럼 박은 행위가 뜻하는 것은 무엇이었을까? 그것은 과거 이슬람 상인처럼 상거래를 하자거나 정화처럼 교화教化를 하겠다는 목적을 넘어서 그 땅을 자기네 왕의 땅으로 만들겠다는 의지였다.

지칠 대로 지쳐 있었지만 포르투갈 함대는 인도를 점령한다는 기쁨에 들떠 있었다. 그러나 그들의 예상은 완전히 빗나갔다. 인도는 쉽게 점령할 수 있는 무주공산無主空山이 아니라 이미 이슬람 사람들과 중국 상인이 발이 닳도록 왕래하며 교류하던 문명 세계였다. 엄연히 주인이 있고 사람이 살고 있는 땅이었던 것이다. 그런 곳에 갑자기 돌

기둥을 들고 나타나서는 제 땅이라며 말뚝을 박은 포르투갈 선원들은 세상 물정 모르는 '촌놈'이나 다름없었다.

포르투갈 함대가 남긴 것

그러나 이 포르투갈 촌놈들은 천신만고 끝에 인도양을 헤쳐온 사람들답게 오기와 도전 의식으로 똘똘 뭉쳐 있었다. 그들은 1508년에 맘루크왕조*와의 해전에서 승리를 거두었다. 그리고 인도양 무역에서 유리한 고지를 차지했다. 또 1511년에는 주요 향료 산지인 말레이반도의 말라카 왕국*을 정복하고, 그 당시 인도양 향료 무역의 80% 이상을 차지하고 있던 이슬람 상인들에게서 주도권을 빼앗았다.

이러한 포르투갈 탐험대의 탐욕과 정복욕에 가득 찬 인도양 행진은 이후 수백 년간 아프리카와 인도, 그리고 동아시아를 휩쓴 피바람의 서곡이었을 뿐이다. 앞 다투어 인도와 동남아시아에 진출한 유럽 사람들은 곳곳에 말뚝을 박고 전쟁과 학살을 일삼았다.

그러한 피의 역사는 오늘날 인도양 곳곳에 식민 통치의 잔재뿐 아니라 인종 갈등과 종교 분쟁 등 뼈아픈 유산을 남겼다. 지금 인도양은 이슬람 상인과 정화의 취보선 함대가 남긴 유산과 포르투갈 함대가 남긴 유산이 한데 어울리며 다채로운 문화를 빚어내고 있다. 인도양의 여러 민족은 서구 제국주의가 뿌린 '나쁜 피'를 정화淨化하고 민족 간 종교 간 갈등과 분규를 청산하여 새로운 인도양 시대를 열기 위해 애쓰고 있다.

*맘루크왕조 1250년에서 1517년까지 이집트·시리아 일대를 지배한 터키계 이슬람 왕조. 맘루크란 주로 백인 노예를 뜻하는 아랍어로, 이 왕조를 창건한 아이바크가 노예 용병 출신인 데서 붙여진 명칭이다.
*말라카 왕국 1400년경부터 1511년까지 말레이시아 항구 도시인 말라카를 중심으로 번영한 왕국으로, 말라카 항은 동서양 무역의 중심지였다.

대서양

캐나다

노르웨이 스웨덴 덴마크

아일랜드 영국 네덜란드 독일 폴란드
벨기에 체코 슬로바키아
프랑스 스위스 오스트리아 헝가리
이탈리아

미국

포르투갈 에스파냐

모로코 튀니지

알제리 리비아

멕시코

쿠바

도미니카공화국

온두라스
과테말라 니카라과
코스타리카 파나마
베네수엘라

모리타니

세네갈 말리 니제르 차드

감비아 부르키나파소 베냉
기니 나이지리아
기니비사우 가나 중앙아프리카
카메룬 공화국

라이베리아 코트디부아르 적도기니 가봉 콩고
공화국 콩고민

에콰도르

페루 브라질

볼리비아

칠레 파라과이

아르헨 우루과이

앙골라

나미비아

남아프리카

대서양에서 경계 활동을 벌이고 있는 미국의 항공모함.

カザ흐스탄

우즈베키스탄   키르기스스탄

투르크메니스탄   타지키스탄

아프가니스탄

이란

파키스탄   네팔

라비아

오만   인도

예멘

티

인도양

다가스카르

24 아틀란티스와 북대서양조약기구

대서양의 어제와 오늘

수천 년 동안 대서양은 잊혀진 바다였다. 대서양 양쪽의 아메리카와 유럽, 아프리카에는 모두 오랜 옛날부터 사람이 살고 있었다. 그러나 양쪽 모두 대서양 건너편의 대륙을 알지 못했다. 1492년 콜럼버스가 열어젖힌 대서양 항로는 유감스럽게도 침략과 노예 무역의 길이었다. 어두운 과거를 청산하려는 대서양 양안의 노력을 살펴보자.

신화 속의 공간, 아틀란티스

넓이 8,244만 1,000km², 카리브 해·지중해 등의 부속해까지 따지면 자그마치 1억 646만km²에 이르는 거대한 바다, 대서양. 태평양 다음으로 넓은 이 바다를 사이로 네 개의 대륙이 마주 보고 있다. 동쪽으로는 유럽과 아프리카, 서쪽으로는 북아메리카와 남아메리카. 이 가운데 북대서양 양쪽 기슭에 있는 유럽과 북아메리카는 현대 세계의 중심으로 자리 잡고 있다. 반면 남대서양 양쪽의 아프리카와 남아메리카는 불행하게도 북쪽 대륙들의 식민 지배와 경제적 수탈에 시달린 아픈 역사를 안고 있다.

　인류가 대서양을 오가며 이런 역사를 쌓아 온 것은 극히 최근의 일이다. 그 이전의 대서양은 신화 속의 공간일 뿐이었다. 대서양의 영어 표기인 'Atlantic Ocean'은 플라톤Platon, 기원전 428?~347의 저서 『크리티아스』와 『티마이오스』에 등장하는 대륙 아틀란티스에서 유래했다. 기원전 9500년경 아틀란티스에는 비옥한 토지와 풍부한 자원, 화려한 문명과 최강의 군대가 있는 완벽한 국가가 있었다. 그러나 아틀란티스인이 부를 쌓기 위해서 과도하게 욕심을 부리자 사회질서는 나날이 문란해져 갔다. 결국 신의 분노를 산 아틀란티스는 그 벌로 오늘날의 대서양에 해당하는 바다 밑으로 가라앉고 말았다. 이렇듯 플라톤이 살던 시대에는 대서양이 단지 신화 속 무대에 지나지 않았다. 그것은 이 넓은 바다가 오랜 세월 동안 인류의 활동 무대에서 멀리 떨어져 있었다는 증거이기도 하다. 그러다가 15세기 말, 대서양 가장 가까이에 있는 유럽 국가인 포르투갈과 에스파냐가 대서양 탐험에 나서면서 세계 역사의 중심 무대로 등장하게 되었다.

콜럼버스가 연 대서양 항로

　1492년 10월 12일 새벽, 이탈리아 출신의 에스파냐 탐험가 콜럼버스가 이끄는 에스파냐 선단이 장장 2,000km에 이르는 기나긴 항해 끝에 이날 '인도'로 추정되는 육지를 발견했다. "티에라!에스파냐어로 '육지'라는 뜻임"라는 선원의 외침에 벌떡 일어난 90여 명의 바다 사나이들은 새벽 안개 속에 거무스름하게 다가오는 땅덩이를 바라보며 일제히 환호했다.

　그들은 3척의 배에 나누어 타고 '지중해도, 아프리카 남단도 거치지 않고 인도로 가는 제3의 바닷길'을 찾아 1492년 8월 2일 에스파냐의 팔로스 항을 떠났다. 그리고 서아프리카의 카나리아제도에 잠시 정박한 뒤 9월 6일부터 이날까지 서쪽만을 바라보며 항해해 왔던 것이다.

배에서 내린 그들이 처음 만난 원주민은 "여기는 과나하니 섬^{산살바도르}이고, 조금만 더 가면 큰 대륙이 나온다."라고 알려 주었다. 콜럼버스는 그 땅이 '인도의 서쪽'일 것이라고 생각했다. 지구는 둥글기 때문에 대서양을 따라가다 보면 언젠가는 인도 대륙에 닿을 수 있을 거라 굳게 믿고 있었기 때문이다. 그는 자신을 포함해 유럽 사람 누구도 몰랐던 대륙, 곧 아메리카가 대서양에 가로놓여 있을 줄은 꿈에도 생각지 못했다.

이탈리아 제노바에서 직공의 아들로 태어난 콜럼버스는 포르투갈에서 항해 생활을 시작했다. 그는 포르투갈의 항해자 바스코 다가마와 쌍벽을 이루며 아프리카 해안과 그린란드의 앞바다를 누비고 다녔다. 그러나 평범한 뱃사람으로 남기를 거부했던 콜럼버스는 대서양 횡단에 인생을 걸기로 했다.

그리고는 재정적 지원자를 찾아 나섰다. 우선 대서양 개척의 선두 주자인 포르투갈에 손을 벌렸다. 그러나 포르투갈 정부는 육지 연안을 따라가는 항해가 아닌 대양을 가로지르는 횡단은 성공 가능성이 희박하다고 여겼다. 그래서 콜럼버스의 제안을 거절했다. 그러자 콜럼버스는 이웃 나라 에스파냐로 건너가 이사벨 1세^{Isabel I, 1451~1504}를 찾았다. 이야기를 듣고 한번 도전해 볼 만하다고 판단한 여왕은 콜럼버스에 대한 지원을 약속했다.

사실 콜럼버스의 도전은 다소 황당한 면이 없지 않다. 망망대해에서 무조건 서쪽으로 가기만 한다고 대륙에 도달할 수 있으리라는 보장이 없었기 때문이다. 그런데도 이 항해가 성공할 수 있었던 것은 순전히 '우연'이었다. 운이 나빴다면 콜럼버스와 그의 일행은 험난한 항해에 지쳐 모두 물고기의 밥이 되고 말았을 것이다.

아무튼 콜럼버스는 운 좋게 대서양을 사이에 둔 두 대륙, 유럽과 아메리카를 이어 주는 세계사적 업적을 달성했다. 그리고 세속적인 명예와 재산도 얻었다. 그리하여 그 뒤 오랫동안 대부분의 유럽 선박들은 콜럼버스가 발견한 서쪽 항로를 따라 대서양을 항해했다.

대서양을 건너는 식민지 건설자들

콜럼버스가 길을 터 놓은 뒤, 대서양은 곧 에스파냐와 포르투갈의 무역선으로 가득 차게 되었다. 콜럼버스는 모두 네 차례의 항해를 통해 서인도제도의 개척을 완료했다. 이탈리아의 탐험가 아메리고 베스푸치Amerigo Vespucci, 1454~1512는 '서인도' 의 중앙에 있는 브라질까지 탐사한 끝에 이곳이 '신대륙' 임을 확인했다. 아메리카라는 명칭도 바로 그의 이름 '아메리고' 에서 딴 것이다.

이렇듯 대서양 무역이 증가하면서 아메리카의 원주민은 광산과 사탕수수 농장에서 강제 노역과 학대에 시달리다 죽어 갔다. 그리고 신대륙에서 엄청난 양의 금과 은이 유입되는 바람에 물가가 폭등한 유럽에서는 시민 경제가 몰락하고, 상인계급이 급성장하는 커다란 변화가 일어났다.

뒤늦게 대서양 무역에 나선 영국과 프랑스는 이미 에스파냐와 포르투갈이 장악하고 있던 남아메리카로부터 눈을 돌려 북아메리카에 식민지를 개척했다. 두 나라는 북아메리카를 두고 식민지 쟁탈전을 벌여 영국이 프랑스를 밀어내고 이 지

아메리고 베스푸치의 아메리카 대륙 상륙을 묘사한 1600년 무렵의 동판화.

콜럼버스(왼쪽)와 콜럼버스의 배.

역을 차지해 버렸다.

그런데 1620년 12월, 북아메리카에서는 식민지 역사의 신기원을 여는 사건이 벌어졌다. 그동안 에스파냐든 영국이든 유럽인이 아메리카에 식민지를 건설하면 그 식민지는 유럽에 있는 본국 소속이었다. 그런데 역사상 처음으로 본국 정부의 직접적 관할을 받지 않는 식민지가 출현했다. 이렇게 독립 식민지를 건설한 사람들은 평범한 영국의 청교도들이었다. 메이플라워호라는 상선을 타고 영국 본토를 떠난 그들은 크리스마스를 나흘 앞두고 북아메리카의 플리머스에 상륙해 아메리카 역사의 새 장을 열었다.

65일간의 험난한 항해 끝에 가까스로 신천지에 도착한 청교도들은 배에서 내리기 전에 새로운 식민지를 건설하겠다는 결의를 다졌다. 이때 그들이 함께 서명한 역사적 문서가 '메이플라워 서약서*'였다.

---

* 메이플라워 서약서 메이플라워호의 승선자들 가운데 41명의 남성들이 플리머스에 상륙하기에 앞서 조인한 문서. 일부 승선자들이 무리에서 이탈해 자기 뜻대로 정착하려 할지도 모른다는 우려에서 작성되었다. 자주적 식민지 정부를 수립하여 다수결 원칙에 따라 운영한다는 것이 기본 방침이다. 그 뒤 이 서약서는 플리머스 식민지의 기본법이 되었다. 이는 1691년 이 지역이 매사추세츠 식민지에 병합될 때까지 존속되었으며, 뒷날 미국의 정치사상에 큰 영향을 끼쳤다.

1607년 북미 대륙 최초의 영국 식민 도시로 건설된 제임스타운의 최초 정착민들이 타고 온 배의 복원된 모습.

"우리는 함께 시민 정치제civil body politic를 조직하여… 우리의 식민지 공익에 맞는 공정한 법률을 정하고 모두가 이에 따를 것을 약속한다."는 것이 그 주된 내용이었다.

브루스터W. Brewster, 1567~1644를 비롯한 이 평범한 청교도들은 본래 제임스 1세James I, 1566~1625의 종교 박해를 피해 네덜란드로 망명한 사람들이었다. 그러나 그들은 신흥 공업 국가 네덜란드의 낯선 환경과 다른 언어에 적응하지 못했다. 더 이상 기댈 곳이 없자 그들은 미지의 세계를 찾기로 결심했다. "신천지로 가서 우리의 신앙을 지키고, 우리의 언어로 대화하고, 우리의 공동체를 일구자!"

그러나 청교도들을 태운 메이플라워호는 폭풍 때문에 본래 목적지인 버지니아로 가지 못하고 미개척지인 플리머스에 도착했다. 전화위복이었을까? 영국의 식민지가 아닌 제3의 장소에 도착한 것은 완전히 새로운 삶을 원했던 청교도들에게는 오히려 잘된 일이었다. 이들이 바로 뒷날 아메리카에 건설된 근대 최초의 독립국가 미국의 선조였다.

대서양의 오늘

대서양 양안의 협력과 경쟁

미국은 1776년 영국으로부터 독립을 선언하고, 영국과의 수년에 걸친 독립전쟁을 승리로 이끌었다. 그 뒤 미국은 그야말로 눈부신 성장을 거듭했다. 그리하여 100년도 되지 않아 대서양 건너편의 서유럽 국가들과 어깨를 나란히 하는 강국이 되었다. 그리고 나폴레옹전쟁이

미국 독립선언에 서명하는 사람들(1776년)과 독립선언서(오른쪽).

끝난 1815년 이래 에스파냐와 포르투갈의 지배에서 독립하기 시작한 남아메리카의 여러 나라들과 같은 대륙에 속해 있다는 연대감을 표시해 왔다.* 물론 거기에는 유럽으로부터 남아메리카에 대한 정치적·경제적 영향력을 빼앗겠다는 속셈이 깔려 있었다.

이런 신경전을 빼면 북대서양을 사이에 두고 미국과 서유럽은 비교적 우호적인 관계를 유지했다. 1911년에 영국에서 건조되어 그 이듬해 대서양을 횡단해 미국으로 향하던 4만 6,000톤급 초호화 여객선 타이타닉호는 그러한 양국 우호의 상징이었다. 그러나 곧 밀어닥칠 대서양의 전운戰雲을 예고하는 듯, 견고하게 제작되었다는 타이타닉호는 대서양을 건너다가 빙산에 부딪혀 1,500여 명의 사상자를 내고 침몰해 버렸다.

타이타닉호가 침몰한 지 2년이 지난 1914년, 1차 세계대전이 터졌다. 앞서 가던 자본주의 선진국 영국에 대해 후발 주자 독일이 도전장을 내민 것이다. 4년 동안 850만 명 이상의 목숨을 앗아 간 이 전쟁의 주 무대는 유럽이었지만, 바다 건너 저편의 미국이 잠자코 있을 리 없

---

* 1823년 12월 2일 미국의 제5대 대통령 제임스 먼로는 의회에 보내는 의견서에서 아메리카 대륙에 대한 유럽의 불간섭, 아메리카의 비식민지화, 미국의 유럽에 대한 불간섭, 이렇게 세 가지 원칙을 토대로 하는 미국 외교의 기본 정책, 곧 먼로 선언을 발표했다.

북대서양조약기구(NATO) 국방장관 회의
(2005년).

었다. 미국은 독일과의 전쟁에 나서면서 같은 앵글로-색슨족인 영국
을 지원한다는 표면적인 명분을 내세웠다. 메이플라워호의 후예들이
옛 본국을 돕기 위해 대서양을 건너갔던 것이다. 이때 영국, 프랑스와
함께 피를 흘린 끝에 전쟁에서 승리한 미국은 영국에 맞먹는 세계 최
강 국가로 떠오르게 되었다.

　　1939년 히틀러_{A. Hitler, 1889~1945}가 이끄는 독일이 설욕전의 성격을
띤 2차 세계대전을 일으키자, 미국은 또다시 참전했다. 대서양을 오가
는 미국의 민간 선박에 대해 독일이 어뢰를 퍼부었기 때문이다. 2차 세
계대전의 파괴력은 가공할 만했고, 유럽 대륙은 초토화되어 승자도 패
자도 만신창이가 되었다. 오직 대서양 건너편에서 병력을 파견했던 미
국만이 그나마 전쟁의 피해를 덜 입은 상태에서 승리를 만끽할 수 있
었다.

　　1945년 2차 세계대전이 끝나자 서유럽은 전쟁의 또 다른 승자인
사회주의국가 소련의 위협에 맞닥뜨리게 되었다. 이런 그들에게 구원
의 손길을 내민 것이 바로 미국이었다. 서유럽과 미국을 묶는 군사 조

직인 '북대서양조약기구NATO*'는 소련으로부터 서유럽을 지켜 주는 핵우산*이고, 미국이 세운 '마셜 플랜'은 위기에 빠진 서유럽 자본주의 경제를 되살리기 위한 미국의 캠퍼주사*였다.

이처럼 북대서양 양안의 관계는 1, 2차 세계대전을 계기로 크게 바뀌었다. 세계를 주도하던 대서양 동쪽 서유럽의 지위는 추락하고, 서유럽의 식민지였던 대서양 서쪽 미국이 초강대국으로 떠올랐다. 그러나 북대서양 양안 국가들은 근복적으로 부자 클럽의 지위를 유지하기 위해 의기투합하고 있다. 반면 남대서양 양안은 아직도 식민지 유산과 저개발의 굴레에서 벗어나기 위해 안간힘을 쓰고 있다. 대서양이 인류의 미래에 공헌하기 위해서는 대서양 양안 간의 동서 교류뿐 아니라 남북 간의 수평 교류와 대각선 교류가 평등의 기조 위에서 더욱 활발하게 펼쳐져야 할 것이다.

＊**북대서양조약기구(NATO)** 2차 세계대전이 끝나고 미국과 구소련의 냉전이 격화되는 가운데 1948년 서유럽 5개국인 영국·프랑스·벨기에·네덜란드·룩셈부르크는 미국의 주도 아래 브뤼셀조약을 맺었다. 1949년 캐나다·노르웨이·덴마크·아이슬란드·포르투갈·이탈리아의 7개국이 더 참가하여 상호 간의 경제적·사회적·군사적 협력을 내용으로 하는 북대서양조약이 체결되었다.
＊**핵우산** 핵무기를 가진 나라가 적국의 핵 공격에서 동맹국을 보호할 수 있다고 가정하는 범위, 또는 그 전력.
＊**캠퍼주사** 심장 수축 운동이 비정상적일 때 회복을 위해 쓰이는 주사로 어떤 문제에 대한 긴급처방을 비유해 일컫는 말.

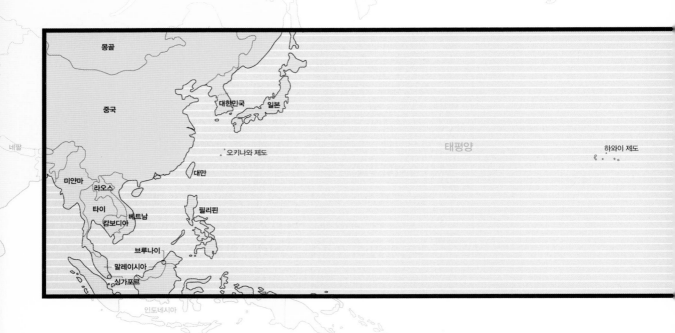

사이판 섬에서 태평양전쟁 때 전사한 일본군의 혼을 위로하기 위해 참배를 하고 있는
아키히토 일본 천황 부부(2005년).

25 평화의 바다와 아시아태평양경제협력체
태평양의 어제와 오늘

태평양은 3대양 중 가장 넓은 바다지만 인류 역사에서는 인도양과 대서양에 비해 연륜이 짧다. 선사시대에 아시아의 황인종 일부가 태평양 북쪽 끝 베링 해협을 건너 아메리카 대륙으로 간 이래 16세기까지 양안의 교류는 거의 없었다. 미국이 서쪽으로 팽창하면서 의미를 갖게 된 태평양은 매우 짧은 기간에 세계 최대의 경제력과 교역량을 자랑하는 바다로 성장했다.

평화의 바다, 태평양

태평양 항로에 사용했던 에스파냐 함선의 모형.

콜럼버스C. Columbus, 1451~1506가 중앙아메리카 동쪽 연안에 닿은 지 21년이 지난 1513년, 또 한 사람의 탐험가가 아메리카 대륙을 횡단했다. 에스파냐의 탐험가 발보아V. N. Balboa, 1475~1519였다. 그의 일행은 25일간의 긴 여행 끝에 아메리카 대륙의 서쪽 끝인 멕시코 만 연안에 도착할 수 있었다. 그들은 지칠 대로 지쳐 있었지만, 눈앞의 놀라운 광경에 입을 다물 수가 없었다. 대서양처럼 넓은 바다가 펼쳐져 있었던 것이다.

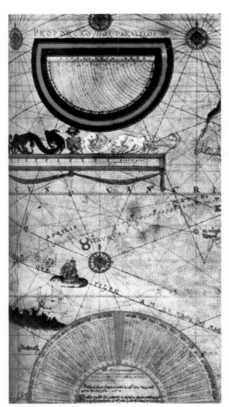
16세기 후반의 태평양을 그린 해도.

발보아는 이 바다가 남아메리카를 향해 있다고 해서 '남해'라는 이름을 붙였다. 그러나 그 자리에 있던 모든 사람이 그렇게 생각한 것은 아니다. 개중에는 한없이 고요하다고 해서 '태평양'이라 부르자고 한 사람들도 있었으니까. 면적 1억 6,524만 6,000km², 동서 길이 약 1만 6,000km, 평균 수심 4,282m. 인도양과 대서양을 능가하는 세계 최대의 해양은 이렇게 해서 인류 역사에 등장했다.

그러나 태평양은 그 이름을 얻기 전까지는 '태평한 바다'였을지는 몰라도, 그 뒤의 역사를 들여다보면 결코 '태평연월太平烟月'을 누리지 못했다. 가장 먼저 태평양을 발견한 발보아부터 추악한 범죄를 저지르며 태평양 연안을 소란스럽게 했다. 발보아 탐험대는 원주민을 보는 족족 칼로 난도질하는가 하면, 사냥개를 풀어 물어뜯어 죽게 했다. 원주민을 말살해 가며 식민지를 개척해 나간 정복의 역사가 바로 태평양 앞에서 반복되고 있었다. 그리고 이 야만적인 서구인들은 이제 태평양을 건너 아시아로 진출할 채비를 하기 시작했다.

펠 리 페 의   땅 ,   필 리 핀

1519년 마젤란F. Magellan, 1480?~1521은 5척의 배에 270여 명의 선원을 싣고 에스파냐를 떠났다. 함대는 대서양을 가로질러 브라질에 도착했고, 그곳에서 다시 서쪽으로 아메리카 대륙을 횡단하여 태평양 연안에 다다랐다. 그는 여기서 배를 타고 태평양을 건넜다. 그리하여 유럽인으로는 처음으로 태평양 횡단에 성공한 뒤 아시아의 한 섬나라에 이르렀다. 그의 함대가 긴긴 여정 끝에 고국에 돌아간 것은 항해를 시작한 지 3년 만인 1522년의 일이다. 생존자는 불과 18명이었다. 선장 마젤란조차 원주민과 싸우다 죽었고, 남은 선원들은 곰팡이가 핀 비스킷과 돛의 가죽을 뜯어 먹으며 항해를 견뎌야 했다. 에스파냐 국왕은 이들에게 지구가 그려진 문장을 하사하며 격려했다. 이 문장에는 "너는 처음으로 나를 일주했다."는 문구가 적혀 있었다.

그 당시 마젤란 함대가 도착한 섬나라는 지금의 필리핀에 해당한다. 마젤란이 죽은 지 43년이 지난 1565년, 한 무리의 에스파냐 개척자들이 이곳을 식민지로 선포하고, 황제 펠리페 2세^{Felipe II, 1527~1598}의 이름을 따 '필리피나스^{펠리페의 땅}' 라 부르기 시작했다. 이때 포르투갈과 에스파냐는 필리핀을 사이에 두고 서로 소유권을 주장하며 다투었다. 에스파냐령으로 확정된 뒤 펠리페 2세의 명령에 따라 식민지 개척이 시작되었다.

그 뒤 무려 300여 년 동안 필리핀은 에스파냐의 식민지로 남게 되었다. 그러다 19세기 말, 필리핀 내에서 독립운동이 일어나자 이를 지원한다는 명목 아래 태평양을 건너온 또 다른 제국주의 국가가 있었다. 미국이었다. 영국 식민지였다는 아픈 역사를 간직한 미국은 빠른 성장을 거듭하여 어느덧 에스파냐와 식민지 쟁탈전을 벌이는 열강의 하나로 변신했다.

1897년 드디어 미국은 에스파냐와의 전쟁에서 승리해 필리핀을 식민지로 삼았다. 대서양을 사이에 두고 영국의 식민지 노릇을 했던 미국이 이제 태평양을 사이에 두고 필리핀의 식민 모국이 된 것이다.

필리핀에서 최후를 맞이한 마젤란.

태평양전쟁 당시 제주도에서 일본 본토 수호를 준비하던 일본군의 무기들.

살육의 현장, 태평양

　　미국의 필리핀 지배는 그리 오래가지 못했다. 미국이 에스파냐로부터 필리핀을 빼앗은 지 40년 남짓 지난 1942년, 미국 역시 필리핀을 빼앗기는 아픔을 맛보았다. 그것도 자신이 개항시킨 일본으로부터 말이다.

　　19세기 중반부터 빠르게 발전한 미국은 서유럽 열강이 각축을 벌이던 아시아·태평양 지역으로 눈을 돌려 1854년 일본을 개항시켰다. 일본에서 메이지유신이 한창이던 1867년에는 일본의 요코하마橫濱에서 하와이를 거쳐 샌프란시스코까지 이어지는 항로도 열렸다. 태평양을 사이에 두고 마주한 두 나라는 그 뒤 오랫동안 우호적인 관계를 유지했다. 그럴 만도 했던 것이 조선과 필리핀을 각각 식민지로 삼으려 했던 두 나라의 이해관계가 맞아떨어졌기 때문이다. 1905년 일본이 러일전쟁에서 승리하자, 미국 특사 태프트W. H. Taft, 1857~1930가 태평양을 건너 일본으로 갔다. 그는 일본 총리 가쓰라 다로桂太郞, 1848~1913와 몰래 만나 "일본은 미국의 필리핀 지배를 승인하고 미국은 일본의 조선 지배를 승인한다."라는 내용에 합의했다. 역사에서 악명 높은 가쓰라-태프트 밀약이 맺어지는 순간이었다. 이처럼 사이좋게 조선과 필리핀을 나눠 가진 두 나라가 태평양에서 충돌한 것은 끊임없이 팽창하는 제국주의의 속성으로 볼 때 예견된 일이었다. 대만과 조선을 차지한 일본은 1931년 만주사변*을 일으키고 1937년 중국으로 쳐들어가면서 아시아의 맹

---

* **만주사변** 러일전쟁 결과, 일본은 만주에서 큰 이익을 챙길 수 있었다. 하지만 그 뒤에도 만주 전역을 지배할 야심을 버리지 못하다가, 류타오후(柳條湖)에서 폭발 사고를 일으키고 이것을 중국의 소행으로 뒤집어씌웠다. 일본은 이를 빌미로 본격적인 만주 침략에 나섰는데, 이것이 바로 만주사변이다.

주가 되겠다는 뜻을 분명히 했다. 그리고 2차 세계대전이 벌어져 영국과 미국, 독일이 전쟁에 휘말린 틈을 타, 영국과 미국이 차지하고 있던 동남아시아로 눈을 돌렸다. 일본은 하와이의 미군 기지를 기습 공격한 뒤 아시아에서 미국을 거세게 몰아붙여 필리핀을 차지하고 전선을 태평양 전역으로 확대했다. 이것이 2차 세계대전의 일부인 태평양전쟁이다.

이렇듯 '평화로운 바다' 라는 이름을 얻으면서 시작된 태평양에서 탐욕과 살육의 역사는 그치지 않았다. 태평양 양안의 두 제국주의 국가 간에 벌어진 피의 살육전은 1945년 미국이 일본의 히로시마^{廣島}와 나가사키^{長崎}에 원자폭탄을 떨어뜨리면서 막을 내렸다.

태평양의
오늘

세 계 무 대 로 변 신 한 태 평 양

태평양전쟁은 인류 역사의 중심 무대가 인도양과 대서양에 이어 태평양으로 이동하고 있음을 예고했다. 태평양 동쪽의 미국이 자본주의 세계의 맏형이 되었고, 서쪽의 중국이 새로운 강대국으로 세계무대에서 영향력을 확대해 나갔다. 일본도 전쟁의 상처를 딛고 세계 경제 대국으로 부활한데다, 유럽과 아시아에 걸쳐 자리 잡고 있는 소련도 점점 아시아·태평양 일대를 중요하게 여기게 되었다. 영국의 식민지였다가 영연방의 일원으로 독립한 오스트레일리아 역시 스스로 아시아·태평양의

홍콩 함락을 축하하는 가장행렬에 동원된 일본 주민들.

한 축이라는 점을 끊임없이 강조하고 나섰다.

그러나 아시아·태평양 일대가 세계사의 새로운 흐름을 주도할 현장으로 떠오른 가장 큰 계기는 무엇보다도 과거 제국주의의 피해자였던 이 지역 신생국가들의 눈부신 도약이었다. 한국이 자본주의 진영의 신흥국가로 급성장했고, 홍콩·싱가포르·말레이시아·인도네시아·타이 등이 저마다 발전을 거듭했다.

미국은 2차 세계대전이 끝난 뒤에도 6·25전쟁과 베트남전쟁이라는 태평양 지역의 국제전에 개입했으나, 한 번도 재미를 보지 못한 채 물러났다. 그 뒤 아시아·태평양은 점점 평화와 협력을 강조하는 방향으로 나아가고 있다. 1967년에 인도네시아·말레이시아·필리핀·싱가포르·타이 등이 결성한 동남아시아국가연합ASEAN은 그러한 협력의 필요성을 조직적으로 과시하는 신생국가들의 모임이다.

1989년 11월 오스트레일리아의 캔버라에서도 이들 동남아시아국가연합과 한국·미국·일본·오스트레일리아·캐나다·뉴질랜드 등이 모여 아시아태평양경제협력체APEC를 결성했다. 1991년 3차 서울 회의에서 중국·대만·홍콩이, 1993년 시애틀 회의에서 멕시코·파푸아뉴기니가, 1994년 인도네시아 보고르 회의에서 칠레가 가입함으로써 2008년 현재 21개 나라가 여기에 참가하고 있다.

오늘날 세계 인구의 40%가 살고 있는 아시아·태평양 지역은 전 세계 국민총생산의 절반 이상, 교역량의 절반을 차지하는 등 세계경제에서도 큰 비중을 차지한다. 그런데 APEC 가입국의 구성을 보면 태평

아시아태평양경제협력체 통상장관회의에 참석한 여러 나라 통상장관들.

양 연안의 국가라는 공통점을 제외하고는 역사·문화·경제 발전 수준 등이 모두 다르다. 심지어 얼마 전까지 식민 모국과 식민지의 관계였거나, 서로 죽고 죽이는 전쟁을 벌였던 나라들도 섞여 있다. 아니, 대부분의 나라들이 그런 아픈 과거로 얽히고설켜 있다.

어쩌면 지금 태평양은 그 이름을 얻은 이래 처음으로 평화 협력의 분위기가 넘쳐 나는 순간을 맞았는지 모른다. 물론 여기에는 아직까지 불안 요인도 깔려 있다. 북한 핵 문제, 일본·중국·러시아·한국의 영토 분쟁 등 자칫 태평양을 다시 한 번 불바다로 만들 수 있는 위험 요소는 곳곳에 도사리고 있다. 그러나 숱한 침략과 전쟁을 겪은 끝에 비로소 평화와 안정의 시대를 맞은 아시아·태평양 지역 각국이 이러한 분위기를 끝까지 밀고 나가, 태평양을 그 이름에 걸맞은 '평화의 바다'로 지켰으면 하는 것이 우리 모두의 간절한 바람이다.

노르웨이
스웨덴
핀란드
덴마크
에스토니아
라트비아
리투아니아
벨로루시
아일랜드
영국
네덜란드
벨기에
독일
폴란드
우크라이나
러시아
카자흐스탄
몽골
체코
슬로바키아
프랑스
스위스
오스트리아
헝가리
루마니아
우즈베키스탄
키르기스스탄
이탈리아
불가리아
투르크메니스탄
타지키스탄
포르투갈
에스파냐
그리스
터키
레바논
시리아
이라크
이란
아프가니스탄
중국
대한민국
일본
모로코
튀니지
이스라엘
요르단
네팔
부탄
알제리
리비아
이집트
사우디아라비아
오만
아랍에미리트
파키스탄
인도
방글라데시
미얀마
라오스
오키나와 제도
리타니아
말리
니제르
차드
수단
예멘
지부티
타이
베트남
캄보디아
대만
필리핀
기니
부르키나파소
베냉
가나
나이지리아
중앙아프리카공화국
에티오피아
소말리아
브루나이
토고
카메룬
우간다
케냐
말레이시아
적도기니
가봉
콩고공화국
싱가포르
코트디부아르
콩고민주공화국
탄자니아
인도네시아
앙골라
잠비아
말라위
마다가스카르
인도양
나미비아
짐바브웨
보츠와나
모잠비크
스와질란드
레소토
남아프리카공화국
오스트레일리아

소국(小國) 콤플렉스와 싸워 온 5천 년

우리의 어제와 오늘

고구려기원전 37~기원후 668가 중국 역사의 일부라고 주장하는 중국의 '동북 공정'은 한국인의 심기를 자극했다. 어느 텔레비전 사극에서는 중국의 침략을 막아내는 데서 그치지 않고 '서토', 즉 중국 땅을 정벌하자는 고구려 장군들의 사자후가 불을 뿜기도 했다. 이탈리아반도에서 시작한 로마제국기원전 27~기원후 1453처럼 장대한 스케일의 역사를 조상들에게서 보고 싶어하는 사람들이 우리 주변에는 많다.

우리에게 이런 콤플렉스를 자극한 나라가 있다. 바다 건너 섬나라인 일본이다. 일본은 근대 들어 우리를 식민지로 삼고 '서토'로 진출하여 중국의 태반을 정복하고 동남아시아까지 호령했다. 일본에는 이러한 침략의 역사를 자랑스러워하는 사람들이 많다. 우리가 그들을 나무라면서 우리도 한때 남을 정복한 적이 있다고 자랑스러워한다면 이율배반이 아닐까? 우리나라는 수천 년간 강대국 옆에 있으면서도 그에 흡수, 동화되지 않고 독자적인 문화를 일구어 왔다. 두드러져 보이지는 않아도 우리는 바로 이 점에서 일본 군국주의자들이 일으킨 피바람보다 몇 천 배나 값진 자존심의 근거를 찾을 수 있다.

태평양

하와이 제도

멕시코

쿠바
도미니카공화국
온두라스
과테말라
니카라과
코스타리카
파나마
베네수엘라
콜롬비아
에콰도르
페루
브라질
볼리비아
칠레
파라과이
아르헨티나
우루과이

대서양

ⓒ이정영

월드컵을 응원하기 위해 서울시청 앞 광장에 모인 시민들.

'동북 공정'은 왜 그렇게 한국인을 자극했을까? 근대 들어 일본의 식민지로 굴러 떨어졌던 자존심의 상처를 어루만지는 데 고구려만큼 훌륭한 역사적 자산이 없기 때문이다. 고구려는 고대 동북아시아의 강국으로 자리 잡고 수나라$^{581~619}$와 당나라$^{618~907}$라는 중국 통일 왕조의 수차례 침략을 막아낸 나라였다. 한국인의 '소국^{小國}' 콤플렉스를 떨쳐버리는 데는 그만인 나라인데, 이런 고구려가 중국의 변방 소수민족 국가였다니 속이 뒤집어질 만도 하다.

고구려는 한국 사상 최초의 국가였던 고조선$^{기원전\ 2333~기원후\ 108}$이 중국 한나라$^{기원전\ 206~기원후\ 220}$의 침략을 받아 멸망한 폐허에서 일어났다. 고조선의 주민이 얼마나 고구려의 주민으로 이어지는지는 모른다. 고구려가 고조선의 단군신화와는 다른 동명성왕 신화를 건국 신화로 숭배한 것으로 보아 고구려가 고조선을 직접 승계하지는 않은 것 같다. 그러나 고구려는 한나라가 고조선 땅에 세운 한사군에 결사적으로 저항하며 고조선의 고토를 회복해 갔다.

한나라의 침략에 결사 항전했던 고조선이나 한사군과 싸우며 성장한 고구려를 볼 때, 만주와 한반도 북부 지역에는 오랜 옛날부터 중국의 지배를 순순히 받아들이지 않는 사람들이 살아 온 것을 알 수 있다. 그들을 중국에서 부르는 말이 '동이^{東夷}'였다. 동쪽의 오랑캐라는 뜻을 지닌 이 말은 중국 특유의 중화사상에서 비롯된다$^{중국편\ 참조}$. 역사학자들은 동이라고 불렸던 여러 종족 가운데 우리 민족의 조상이 되는 사람들을 예맥족^{濊貊族}으로 부른다. 고조선과 고

동북 공정의 즉각적인 중단을 요구하는 집회 참가자들.

고구려 고분벽화 오회분 4호묘의 일부분. 천장에 보이는 황룡은 중앙의 방위를 나타내는 신으로, '천하의 중심'을 자부했던 고구려인의 기상을 잘 보여준다.

구려, 북만주에 있던 부여 등의 주민이 크게 보아 예맥족에 속하는 사람들이었다.

이러한 예맥족과 한반도 남쪽에 분포했던 한족韓族이 오랜 융합 과정을 거쳐 오늘날 우리 민족을 형성했다고 한다. 그러한 융합은 여러 차례에 걸쳐 이루어졌다. 기원전 194년 중국 연나라계 망명객이던 위만이 정변을 일으켜 고조선의 왕권을 장악했을 때, 쫓겨난 고조선의 준왕은 남쪽으로 내려가 그곳에 이미 내려와 있던 고조선 유민들을 다스리는 '한왕韓王'이 되었다고 한다. 이때 예맥족과 한족이 적잖이 융합했을 것이다. 고조선이 멸망한 기원전 108년에도 많은 고조선 유민이 남쪽으로 내려가 한족과 융합했고, 삼국시대의 오랜 이합집산을 거친 뒤 신라의 삼국 통일과 고려의 후삼국 통일 때 다시 한 번 대규모 융합이 일어났다.

우리 민족의 두 원류 가운데 중국이라는 강대국과 직접 국경을 맞대고 충돌을 빚은 것은 아무래도 예맥족일 수밖에 없었다. 고조선의 멸망으로 존폐의 기로에 섰던 예맥족은 고구려를 통해 다시금 독자 세력으로 설 가능성을 시험받게 되었다. 고구려는 강대한 한나라에 맞서 세력을 불려 나갔고, 서기 220년고구려 산상왕 24 한나라가 멸망하고 중국이 분열기에 들어서자 동북아시아의 강대국으로 성장할 기회를 잡았다. 정복군주 광개토대왕재위 391~413 때를 많은 사람들이 우리 역사상 가장 영광스러운 시기로 꼽는다. 이때 고구려가 동방의 소국에서 일어나 주변 지역을 정복하여 중국의 어느 왕조도 가볍게 여길 수 없는 동북아시아의 강국으로 성장했기 때문이다.

수많은 역사책이 이때의 고구려가 '천하의 중심'이었다고 자랑스럽게 서술하고 있다. 광개토대왕릉비 비문에는 고구려를 세운 '추모'다른 기록에서는 주몽이라고도 함가 하늘의 손자로 묘사되어 있고, 광개토대왕 시절 지방 관리를 지낸 모두루라는 사람의 묘비에는 "천하 사방은 이 나라 이 고을이 가장 성스러움을 알지니."라고 씌어 있다. 하늘의 자손이 다스리는 나라는 당연히 천하의 으뜸 국가일 수밖에 없다. 그래서 모두루 같은 지방 관리도 자기 나라를 '성스러운 나라'라고 자랑스럽게 여겼던 것이다.

객관적인 지리 지식이 발달하지 않았던 옛날에는 사람들이 자기가 살고 있는 곳을 세상의 중심이라고 생각하곤 했다. 고대 그리스인이 그랬고 중국인이 그랬다. 특히 중국인의 자민족 중심주의인 중화주의는 고도로 발달한 중국의 문명과 맞물려 오랜 세월 위세를 떨치며 주변 세계에 영향을 미쳤다. 한나라에 멸망당한 고조선은 물론이고 오랫동안 중국의 침략에 시달렸던 고구려도 그러한 중화주의로부터 자유롭지 않았다. 그런데 이러한 처지에 있는 고구려가 서기 5세기에 이르러 스스로 천손의 나라이며 남들이 그 성스러움을 알아줘야 할 나라라고 자랑했던 것이다.

그런데 고구려의 자기중심주의는 중국인의 중화주의와는 달랐다. 고구려가 중국 왕조들보다도 뛰어난 세계 최고라고 생각한 것이 아니었다. 이 세상에는 중국의 천하와 구별되는 별도의 천하가 있으며, 그 천하 가운데 하나가 고구려의 천하라고 여겼다. 여기서 고구려의 천하란 고구려의 세력이 미치고 있던 만주와 한반도의 동북아시아를 가리킨다. 자신만만한 고구려 사람들은 중국 중심의 일원적 세계관에서 벗어나 다원적 세계관을 갖게 되었던 것이다. 이것은 고조선이 한나라에 의해 멸망당했던 역사의 상처를 고구려가 깨끗이 씻어냈음을 의미하며, 중국과는 구별되는 독자적인 동북아시아 세계가 성립했음을 의미한다.

고구려가 '천하의 중심'을 자부했다는 것은 우리 역사에서

당나라 때 그려진 '왕회도'에는 각 나라에서 온 사신들의 모습이 그려져 있다. 그림은 고구려 사신의 모습.

큰 의미를 가진다. 우리는 늘 본받아야 될 문화의 기준이 우리 밖에 있다는 생각에 시달려 왔다. 조선시대^{1392~1910}에는 중국의 성인들과 왕조의 사례를 들어 우리 내부의 문제점을 교정하려 하곤 했으며, 현대 들어서는 미국과 유럽의 선진 제도를 본받아 우리 자신을 바꾸려 했다. 중국이나 구미 선진국에서 선진 문물이 들어왔으니 어쩔 수 없는 일이긴 했다. 그러나 고구려가 가졌던 자존의식은 우리도 우리의 눈과 기준으로 세상을 볼 수 있다는 자신감을 던져 준다. 물론 그러한 자신감은 아무 때나 가질 수 있는 것이 아니다. 스스로의 문화 역량이 국제 수준에는 한참 못 미치면서도 "내 식으로 하겠다."라고 덤비는 것은 비웃음을 살 뿐이다. 광개토대왕이 시작한 전성기의 고구려는 당대 동아시아의 보편 기준으로 볼 때에도 전혀 뒤떨어지지 않는 문화 수준을 갖추고 있었다. 오늘날 대한민국은 어떨까? 고구려가 현대 한국에 던지는 최대의 화두가 아닐 수 없다.

2등은 된다고 생각했던 나라

중국의 당나라가 고구려 왕과 신라 왕을 책봉하면서 내린 작위는 각각 '요동군공'과 '낙랑군공'이다. 요동군이니 낙랑군이니 하는 것은 군현제에 따른 중국의 지방정부에 해당하고 '공'이란 중국 황제가 공신에게 내리는 작위 가운데 가장 높은 것이다. 물론 당시에 요동군과 낙랑군은 실체가 없었고, 고구려 왕과 신라 왕이 진짜로 중국 황제의 신하였던 것도 아니다. 당나라와 끝까지 싸웠던 고구려는 물론이고, 당나라의 도움을 받아 삼국 통일을 이룬 신라^{기원전 57~기원후 935}도 한반도를 직접 다스리려는 당나라의 야욕을 물리치고 독립적인 국가 체제를 지켰다.

고구려가 무너진 자리에 발해^{698~926}를 세운 대조영도 당나라로부터 '발해군왕 홀한주 도독'으로 책봉되었다. '도독'이란 당나라의 일개 지방장관을 의미한다. 그러나 발해는 고구려 옛 땅을 완전히 장악하려던 당나라의 의도를 무너뜨리고 세워졌으며, 독립을 지키기 위해 당나라와 여러 차례 전쟁도 불사했던 나라였다.

통일신라와 발해 이후에도 고려와 조선은 역대 중국 왕조에게 조공을 바치고 책봉을 받았다. 이처럼 우리 역사 속의 여러 왕조가 중국 왕조와 '사대' 관계를 맺어온 사실은 종종 혼란을 일으킨다. 우리나라가 반만년 전통을 이야기하지만 사실 오랫동안 중국의 속국이었던 것 아니냐는 의심이 생길 수 있다. 속국이라는 말을 국어사전에서 찾아보면 '종속국'의 준말로서 "법적으로는 독립국이지만, 실제로는 정치나 경제·군사 면에서 다른 나라에 지배되고 있는 나라"라고 풀이되어 있다. 이 말을 역사 속의 우리나라에 적용해 보면 어떻게 될까?

고구려의 영양왕^{재위 590~618}이 중국 수나라에 조공을 바치고 '요동군공'으로 책봉되었다면 겉보기에 고구려는 중국의 속국이다. 그러나 영양왕은 정치, 경제, 군사 등 모든 면에서 일체 중국의 간섭을 받지 않았으며, 도리어 수나라를 선제공격하기까지 했다. 당나라로부터 '낙랑군공'으로 책봉받은 문무왕^{재위 661~681}은 당나라와 전쟁을 벌여 그 군대를 한반도 밖으로 쫓아냈다. 당나라가 대조영을 '홀한주 도독'으로 책봉한 것은 발해 건국을 막아 보려다 안 되니까 형식적으로나마 대국의 체면을 세우려고 한 외교 행위에 불과했다. 중국 사람들은 우리나라 왕들이 중국 황제의 신하라도 되는 것처럼 형식적인 문서를 만들어 이를 건네주곤 했지만, 실제로 우리나라는 완전한 독립국이었다. 조공과 책봉이란 중국을 큰 나라로 인정해 주고 나라의 안정과 실리를 도모하는 외교 형식에 불과했다. 이런 형식적인 행위를 근거로 들어 우리나라가 중국의 속국이었다고 한다면, 근대 들어 영국이 중국 청나

금나라에 대한 사대를 주장했던 고려의 김부식.

라에 보낸 외교 사절을 '조공 사절'로 기록한 청나라 문서에 근거하여 영국도 중국의 속국이었다고 해야 할 것이다.

고려시대^{918~1392}로 들어오면 이러한 사대 외교가 조금 복잡해진다. 고려가 한족漢族이 세운 송나라^{960~1279}에 조공을 바치고 선린외교 관계를 맺는 것은 아무런 문제가 없었다. 그런데 유목민인 거란족과 여진족이 중국에 세운 요나라^{916~1125}와 금나라^{1115~1234}에 대한 태도는 복잡한 문제를 야기했다. 요나라는 고려가 형제 국가로 여겼던 발해를 멸망시킨 나라였기 때문에 태조 왕건^{재위 918~943} 때부터 적국으로 여겼다. 요나라는 송나라와 중국의 패권을 놓고 대립하고 있었으므로, 고려가 송나라하고만 친하고 자기 나라를 적대시하는 것이 부담스러웠다. 그래서 세 차례나 군대를 보내 고려를 공격했으며 그때마다 고려는 항복하지 않고 맞서 싸웠다. 이 과정에서 고려는 요나라와 국교를 맺고 송나라와 단절했다가 다시 요나라 몰래 송나라와 교류하는 줄타기를 하게 된다.

여진족의 금나라가 요나라를 정복하고 만주와 북중국의 주인이 되자 고려는 이제 금나라의 사대 요구에 시달리게 된다. 이때에도 고려는 금나라와 송나라 사이에서 현실 외교를 벌였고, 금나라가 송나라에 압도적인 우위를 점하게 되자 금나라에 사대를 했다. 이러한 고려와 금나라의 관계는 고려 내부에서 격렬한 노선 투쟁을 몰고 왔다. 김부식^{1075~1151}을 대표로 한 현실주의자들은 금나라에 사대를 하자는 입장이었고, 정지상^{?~1135}과 묘청^{?~1135}을 대표로 한 반대파는 금나라를 섬기는 데 반대하고 '칭제건원황제를 칭하고 독자적인 연호를 쓰는 일'을 하자는 입장이었다. 두 세력의 대결은 '묘청의 난'이라고 불리는 내전으로 치달았고, 애초 소수파였던 김부식 세력은 왕의 지지를 등에 업고 이 내전에서 승리하여 고려 사회의 패권을 손에 쥐었다. 이 사건을 일컬어 근대 사학자 신채호^{1880~1936}는 '조선 역사상 1천년래 제1대사건'이라고 일갈

했다. 이 사건을 계기로 우리 역사에서 자주 세력은 잦아들고 사대 세력이 힘을 얻어 이후 1천 년을 좌지우지해 왔다는 것이다.

신채호의 눈으로 보면 아닌 게 아니라 이후 1천 년, 즉 고려 후기와 조선 시대의 역사는 한심한 사대주의와 매국노로 점철되어 있는 것 같다. 후기 들어 고려는 금나라보다 훨씬 강한 몽골족의 원나라 1271~1368와 사대 관계를 맺는다. 이때의 사대 관계는 삼국시대와 남북국시대의 형식적인 관계를 넘어 내용적으로도 종속적인 양상을 보인다. 고려는 원나라의 요구에 따라 군대를 징발하여 원나라와 함께 일본을 침공하기도 했고, 원나라가 파견한 다루가치라는 관리의 내정 간섭을 받기도 했으며, 고려 왕이 왕자 시절 원나라 수도인 대도로 들어가 살다가 원나라 황제의 딸과 결혼한 뒤 돌아와 나라를 다스리기도 했다. 원나라 세력과 결탁한 부원배附元輩*가 고려 최대의 권문세족이 되어 자기 땅을 넓히고 노비를 늘리면서 고려 사회를 어지럽혔다.

원나라 세력이 쇠퇴하면서 간신히 원나라의 간섭에서 벗어나자 이번에는 원나라 대신 일어난 명나라 1368~1644가 새로운 사대의 대상으로 떠올랐다. 어지러운 고려 사회를 무너뜨리고 조선을 세운 이성계 1335~1408와 사대부 세력은 명나라에 대한 '사대'를 국시로 삼았다. 유목민이 세운 요, 금, 원과 달리 명나라는 송나라와 같은 한족 국가라서 사대를 해도 자존심이 덜 구겨진다고 생각했다. 불교와 유교가 공존했던 고려와 달리 유교가 확실한 국가의 지도 이념으로 자리 잡은 조선이었기에 공자의 나라 중국에 대한 사대는 당연한 것으로까지 여겨졌다. 조선이 명나라에 보내는 사절은 "천자에게 조공을 바친다."라는 의미의 '조천朝天' 사절이었고, 황제의 사절이 조선을 방문하면 왕이 궁궐을 나가 모화관까지 가서 맞이했다.

---

* **부원배(附元輩)** 원 간섭기 고려 시대에 고려와 고려 왕을 헐뜯고, 일신의 영달만 꾀한 부류를 지칭한 말.

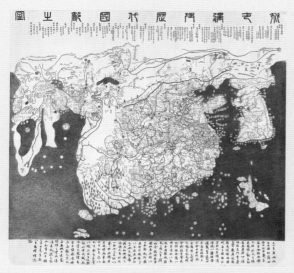

조선 사대부들이 가진 문화적 세계관을 잘 보여주는 혼일강리역대국도지도.

그런데 조선의 사대주의를 볼 때 우리가 유의해야 할 점이 있다. 조선을 이끌어가는 사대부들의 입장에서 유교는 당대 세계의 보편적 이념이요 문화의 표준이었다. 유교 문화가 얼마나 발달했나 하는 것이 한 사회의 문화 성숙도를 가름한다고 봤을 때 조선은 높은 수준의 문화국가라고 생각했다. 그렇다고 해서 1등은 아니었다. 유교 문화의 본산이자 국력 면에서도 세계 최고인 중국이 있었기 때문이다. 그래서 조선의 사대부들은 유교에 내재되어 있는 중화사상에 따라 중국을 대국으로 받들었지만, 그것이 조선을 하찮은 소국으로 만든다고는 전혀 생각하지 않았다. 반대로 조선이 1등은 아니지만 2등은 되는 문화 대국이라고 생각했다. 이러한 생각이 잘 나타나 있는 것이 태종^{재위} ^{1400~1418} 때 만들어진 세계지도 '혼일강리역대국도지도'이다. 중국 원나라 때 만들어진 세계지도에다 조선 지도를 갖다 붙인 이 지도에는 조선이 유럽과 아프리카를 합친 것보다 더 크게 그려져 있다. 이것은 단순한 무지의 소산이 아니다. 조선 사대부들이 가졌던 '문화적 세계관'이 그곳에 잘 나타나 있는 것이다.

조선 후기의 노론 집권층은 명나라가 망하고 만주족의 청나라^{1636~1912}가 들어섰을 때 이러한 맥락에서 "중화가 조선으로 왔다."라면서 '조선중화론'을 펼쳤다. 객관적으로 봤을 때 조선의 전 시대를 통틀어 '세계 2위'라도 해도 좋을 만큼 국력이 융성했던 적은 아마 없을 것이다. 오히려 오늘날의 대한민국은 조선에 비해 국토가 반으로 오그라들었는데도 객관적으로는 '세계 10위권의 경제 대국'이라는 소리를 듣는다. 그러나 자신의 문화 역량에 대한 자신감과 자부심에서 본다면 대한민국의 문화 창조자들은 조선의 '사대주의자'들에 비해 아직도 멀었다.

우리의
오늘

세계사의 한복판에서

조선이 더 이상 중국에 사대를 하지 않게 되었을 때, 즉 우리나라가 수천 년에 걸쳐 중국의 여러 왕조와 맺어 온 '조공–책봉' 관계를 단절하게 되었을 때, 역설적으로 우리나라는 역사상 국력이 가장 취약한 상태였다. 1897년 조선이 대한제국으로 나라 이름을 바꾸고 중국으로부터의 '독립'을 선언했을 때, 중국의 청나라는 이미 서구 열강과 일본에게 얻어맞고 걷어차여 거의 모든 힘을 잃어버린 '이빨 빠진 호랑이'였다. 그 대신 대한제국은 일본과 러시아라는 새로운 강대국의 각축 대상이 되어 있었다.

1948년 8월 15일 대한민국 정부 수립 경축 행사.

일본과 러시아는 과거에 요, 금, 원 등 유목계 중국 왕조가 했던 것처럼 우리나라에 중국식 사대 관계를 요구하지 않았다. 그들이 원한 것은 형식적 조공–책봉 관계가 아니라 실질적인 지배–종속 관계였다. 경제적으로는 자기 나라의 공산품을 값싸게 팔고 제품 원료인 농산물을 값싸게 사는 시장, 정치적으로는 모든 국가기구를 자기 나라에 종속시켜 마음대로 운영할 수 있는 제도. 이것이 곧 '식민지'였다.

1905년 러시아와의 전쟁에서 승리한 일본은 거침없이 대한제국을 식민지로 만들어 갔고, 1910년 우리나라는 국권을 잃고 대일본제국의 일부가 되었다. 고조선이 중국 한나라의 침략을 받고 멸망한 이래 최악의 사태였다. 그러나 이것은 우리나라 사람들을 근대 세계사에서 기본적으로 정의의 편에

6·25전쟁 당시 주민들의 모습.

서도록 만들었다. 세계는 19세기 말부터 거의 모든 지역이 식민지를 소유한 제국주의 국가와 그들의 지배를 받는 식민지로 나뉘었다. 제국주의는 식민지를 아낌없이 착취하며 세력을 키워 나갔고, 식민지 민중은 생존을 위해서라도 제국주의의 지배와 맞서 싸워야 했다.

여기서 우리는 과거에 볼 수 없었던 새로운 역사적 주체의 등장을 보게 된다. 고구려와 당나라의 관계든, 조선과 명나라의 관계든 그것은 기본적으로 양국 지배 세력의 관계였다. 고구려가 당나라의 침략에 맞서서 지키려고 했던 것은 무엇보다도 고구려 왕의 지배권이었다. 조선 사대부들이 명나라에 사대를 하면서도 자랑스러워했던 것은 자신들이 일군 유교 문화였다. 그러나 일본을 하나의 축으로 한 20세기의 세계 제국주의 세력은 식민지에 새로운 정치 세력을 키웠다. 그들에 맞서 정치의식을 키워 나가는 민중이었다. 과거에 피지배 백성을 의미할 뿐이던 민은 이제 명확한 역사의 주체로 전면에 나서게 되었다.

세계 곳곳을 식민지로 지배하던 제국들은 서로의 영역이 부딪치면서 전쟁으로 치달았다. 20세기 전반기를 피로 물들인 두 차례의 세계대전이 그것이었다. 그 전쟁의 결과 우리나라도 독립을 쟁취했다. 1948년 이 땅에 세워진 새로운 독립국가의 주인은 일본에게 국권을 빼앗겼던 대한제국 황실이 아니었다. 황제든 왕이든 소수의 지배자가 백성을 다스리는 것이 국가의 기본이던 시대는 영원히 갔다. 제국주의 침략에 맞서 결연히 싸웠던 사람들이 '공화국'의 기치 아래 새 나라의 주인이 되었다.

그러나 불행하게도 이 땅에 새로 세워진 나라는 두 개였다. 서로 다른 이념을 가지고 독립운동을 벌여 왔던 세력들이 서로 다른 나라를

서울 강남구 포이동의 판자촌과 타워 팰리스. IMF 이후 더욱 벌어진 양
극화의 단면을 극명하게 보여주고 있다.

세운 것이다. 하나는 사회주의를 지향하는 조선민주
주의인민공화국이고 다른 하나는 자본주의를 지향하
는 대한민국이었다. 당시에는 많은 사람들이 일시적
인 분단이라고 여겼던 두 나라의 양립은 6·25전쟁의
비극을 거치고도 60년 넘게 지속되었다.

지금 우리가 살고 있는 남쪽의 대한민국은 지난
30여 년간 눈부신 성공을 거두었다. 6·25전쟁이 끝났
을 때 이 나라는 세계에서 가장 가난한 나라 가운데
하나였다. 필리핀만큼이라도 사는 것이 모든 사람의 꿈이었다. 그랬던
나라가 1960년대 중반 이후 급격한 산업화에 성공하고 1980년대 후반
에는 민주화도 이룩했다. 이제는 거꾸로 필리핀 사람들이 '코리안 드
림'을 꿈꾸며 대한민국을 찾고 있다.

대한민국이 60년 넘게 걸어온 역정은 그대로 현대 세계사의 축소
판이었다. 남북 분단은 전 세계를 둘로 가른 사회주의 진영과 자본주
의 진영의 냉전이 한반도에 투사된 결과였다. 남북한과 중국, 미국이
뒤엉켜 싸운 6·25전쟁은 냉전의 양 진영이 최신 화력을 동원하여 맞붙
었던 열전이었다. 그 뒤 남북한 간에 전개되어 온 체제 경쟁은 미국과
소련을 정점으로 한 동서 냉전의 어느 국면보다도 치열하고 위험했다.
우리나라 사람들은 그야말로 세계사의 한복판에서 늘 긴장된 삶을 살
아왔던 것이다.

많은 사람들이 이제야말로 우리나라가 수천 년간 계속되어 온 '소
국 콤플렉스'를 벗어던지고 선진국으로 나아갈 때라고 말한다. 어떤
사람들은 대한민국이 이렇게 빨리 성장할 수 있었던 것은 우리 민족의
잠재 역량 덕분이라고 하면서 북한의 동포와 힘을 합쳐 더 큰 도약을
이루어야 한다고 주장한다. 또 어떤 사람들은 미국이 주도하는 자본주
의 세계 경제에 적극 동참한 덕분이라고 하면서 미국과의 동맹을 더욱

광화문에서 열린 촛불 집회 모습.

강화하고 세계경제에 대한 개방을 가속화해야 한다고 주장한다.

그런데 어느 방향으로 선진국을 지향하든 놓쳐서는 안 되는 것이 있다. 일제의 국권 강탈 이후 들불처럼 들고일어나 역사의 주체로 나섰던 민중, 그들이 대한민국의 성장으로부터 합당한 혜택을 맛보아야 한다는 것이다. 1987년 노동자 농민의 대규모 시위 이래 개선되는가 싶던 민중의 삶은 1997년 IMF 위기와 함께 찾아온 신자유주의 경제 노선과 더불어 급격히 어려워졌다. 신자유주의 경제 정책이 경제 성장의 과실을 기업과 일부 부유층에 몰아주고 대다수 국민의 삶을 피폐하게 만들었기 때문이다.

대한민국은 경제력만 놓고 보면 '천하의 중심'을 자처했던 고구려나 '소중화'를 자부했던 조선을 능가한다. 그러나 대한민국이 진정 고구려와 조선을 능가하는 것은 과거에는 상상도 할 수 없었던 수많은 민중이 이 나라의 발전에 주체로서 기여해 왔다는 점이다. 고구려는 1만 여 호에 불과한 '좌식자^{앉아서 먹고 사는 귀족}'의 나라였고, 조선에서는 한때 인간 대접 받지 못하는 노비가 전체 인구의 1/3에 이르렀다고 한다. 대한민국이 고구려나 조선보다 수십 배 이상 강한 나라가 되지 않는 게 이상한 노릇 아닌가?

대한민국이 '소국 콤플렉스'를 떨쳐 버리고 정치·경제·문화 등 모든 면에 걸쳐 세계적인 선진국으로 도약할 수 있느냐 하는 것은, 과거 수천 년간 수동적이기만 했던 수천만 국민이 이 나라의 진정한 성장 동력으로 적극적인 역할을 하고 그에 합당한 대우를 받느냐에 달렸다.

찾 아 보 기